CHRISTINE BORTENLÄNGER
FRANZ-JOSEF LEVEN

ALLES MONEY, ODER WAS?

VON AKTIEN, BITCOINS UND ZINSEN

Loewe

FSC
www.fsc.org
MIX
Papier | Fördert gute Waldnutzung
FSC® C109273

ISBN 978-3-7432-1728-7
1. Auflage 2024

Text: Dr. Christine Bortenlänger und Dr. Franz-Josef Leven
Dieses Werk wurde vermittelt durch die
Literaturagentur Arteaga, Berlin
Umschlag- und Innenillustrationen: Mo Büdinger
Umschlaggestaltung: Michael Dietrich
Druck und Bindung: DRUK - INTRO S.A., Swietokrzyska 32,
88-100 Inowroclaw, POLEN

www.loewe-verlag.de

INHALT

WAS IST GELD? 8
Kröten, Kohle, Cash – ist das alles Geld? 8
Warum ist Geld wichtig? 9
Wie kannst du mit Geld rechnen? 10
Wie kannst du mit Geld Werte für die Zukunft aufbewahren? 11
Ist Geld manchmal unsichtbar? 13
Mit Geld bezahlen – wie geht das? 14
Ist alles Geld, womit du rechnen, bezahlen oder sparen kannst? 15
Kannst du mit Geld alles kaufen? 16
Wie entstehen Preise? 17
Die spannende Frage: Kann man in Geld baden? 19

WIE HAT SICH GELD IM LAUFE DER ZEIT ENTWICKELT? 20
Sind Tulpenzwiebeln Geld? 20
Was war das erste Geld? 21
Warum wird ein Stück Papier als Geld akzeptiert? 22
Münzen prägen, Münzen schlagen – was heißt das? 24
Warum wurden oft die Bilder von Königen und Kaiserinnen auf Münzen geprägt? 26
Sehen alle Euro-Münzen gleich aus? 27
Ist Geld immer gleich viel wert und was ist Inflation? 29
Die spannende Frage: Geld regiert die Welt – ist das so? 31

WIE WIRD GELD HEUTE HERGESTELLT? 32
Wer stellt Münzen und Geldscheine her? 32
Kann man mit Büchern bezahlen? 33
Giralgeld – hat das mit Gi(e)r zu tun? 34
Die spannende Frage: Kannst du dein eigenes Geld machen? 34

WIE BEKOMMST DU GELD? 37
Hast du ein Recht auf Taschengeld? 37

Welche Geldquellen gibt es sonst noch? 39
Ab welchem Alter darfst du arbeiten und Geld verdienen? 39
Warum leiht dir jemand Geld? 41
Was bedeutet „liquide"? 42
Die spannende Frage: Was garantiert der Kindergarantiebetrag? 43

WAS KANNST DU MIT DEINEM GELD ALLES MACHEN? 45
Macht Geld glücklich? 45
Was kannst du dir mit Geld kaufen und was nicht? 47
Was machst du mit Geld, das du nicht ausgibst? 48
Die spannende Frage: Solltest du Geld im Garten verbuddeln? 49

WOZU GIBT ES BANKEN? 50
Was machen Banken? 50
Kannst du eine Bank gründen? 51
Wo lagern Banken das ganze Geld? 53
Kann eine Bank pleitegehen? 54
Die spannende Frage: Sind Banken reich? 56

OHNE KONTO IST ALLES NICHTS? 58
Was ist ein Konto? 58
Wie erkennt man sein eigenes Konto wieder? 59
Wer kann ein Konto haben? 60
Was ist ein Taschengeldkonto? 61
Was ist eine Debitkarte? 62
Wozu ist eine Kreditkarte gut? 62
Und was ist ein Depot? 63
Kannst du von Geburt an ein Konto und ein Depot haben? 64
Die spannende Frage: Ist auf einem Punktekonto auch Geld? 65

WIE LÄSST SICH GELD SPAREN? 66
Brauchst du noch ein Sparschwein? 66
Warum bekommst du Geld für deine Ersparnisse? 68
Ist Sparen und Anlegen das Gleiche? 69

Welche Anlageformen gibt es und welche ist die beste? 70
Kann Anlegen auch gefährlich sein? 71
Wer oder was schützt beim Anlegen vor Gefahren? 71
Die spannende Frage: Was ist die beste Anlage aller Zeiten? 72

WIE IST DAS MIT DEM GELD IM AUSLAND? 74
Was sind Devisen? 74
Warum haben andere Länder anderes Geld? 75
Wie kannst du Sachen in anderen Ländern kaufen und im Urlaub dort bezahlen? 76
Wer regelt den Umtausch zwischen verschiedenen Währungen? 77
Wie berechnet sich der Wechselkurs zwischen zwei Ländern? 77
Was ist eine Währungsunion? 79
Der Euro und was du darüber wissen musst 79
Die spannende Frage: Kann der Euro auch in anderen Ländern zur Währung werden? 81

WAS IST EINE AKTIE? 82
Sind Aktionäre Eigentümer eines Unternehmens? 82
Warum gibt ein Unternehmen Aktien aus? 83
Wer hat die Aktie erfunden und warum? 85
Aktien kaufen – wie funktioniert das? 86
Was ist die Dividende? 87
Welche Rechte (und Pflichten) haben Aktionäre? 89
Wie stellst du fest, ob eine Aktie eine gute oder schlechte Anlage ist? 90
Was haben Eier und Körbe mit Aktien zu tun? 93
Die spannende Frage: Warum gibt ein Tierpark Aktien aus? 95

WAS SIND FESTVERZINSLICHE WERTPAPIERE? 96
Was ist eine Anleihe? 96
Warum bekommst du bei Anleihen Zinsen? 97
Sind Zinsen so etwas wie Dividenden? 98
Wie „fest" sind die Zinsen wirklich? 99
Wie sicher sind festverzinsliche Wertpapiere? 101
Frage für Fortgeschrittene: Sind Zinsen und Rendite das Gleiche? 103

Leihen sich auch Staaten Geld? 104
Was ist die Rente? 105
Die spannende Frage: Sind Renten festverzinslich? 106

WIE FUNKTIONIERT DIE BÖRSE? 107
Wozu ist die Börse gut? 107
Was bedeutet der Begriff „Börse"? 108
Was wird neben Wertpapieren an der Börse gehandelt? 109
Wer hat die Börse erfunden? 110
Ist die Börse gefährlich? 111
Wer schützt die Anleger und Anlegerinnen an der Börse? 112
Sind die Börse, der Finanzmarkt und der Kapitalmarkt das Gleiche? 113
Welche Risiken gibt es am Kapitalmarkt? 114
Was ist ein Börsencrash? 115
Die spannende Frage: Was bedeutet „aufs Parkett gehen"? 117

WAS SIND FONDS? 118
Kannst du alle deutschen Aktien auf einmal kaufen? 118
Was bewirkt Streuung? 120
Was kann ein Fonds alles beinhalten? 121
Kann ein Fonds passiv sein? 122
Wie viel Arbeit machen „aktive" Fonds? 122
Was sind eigentlich ETFs? 123
Die spannende Frage: Sollten nur Schlafmützen in „passive" Fonds anlegen? 125

WAS SIND KRYPTOWÄHRUNGEN? 126
Woher kommt der Begriff „Krypto" und warum sind Kryptowährungen entstanden? 126
Was ist die Blockchain? 127
Sind Kryptowährungen auch Geld? 129
Sind Kryptowährungen sicher? 130
Was ist ein Token? 131
Was ist ein NFT? 132
Die spannende Frage: Wo versteckt man eine Kryptowährung? 133

WIE ENTSCHEIDEST DU DICH FÜR (ODER GEGEN) EINE ANLAGEFORM? ... 134
Wie wirst du eine schlaue Anlegerin oder ein schlauer Anleger? ... 134
Was ist die optimale Mischung von Anlageformen? ... 136
Wie viel Zeit brauchst du für deine Geldanlage? ... 138
Das Wichtigste: Was machst du mit deinem Ersparten und dessen Erträgen? ... 139
Die spannende Frage: Wie wirst du Millionärin oder Millionär? ... 140

WAS DICH VIELLEICHT AUCH NOCH INTERESSIERT ... 142
Was war der Schwarze Freitag 1929? ... 142
Sind Schulden und Kredite das Gleiche? ... 144
Was bedeutet „Verpflichtungen“ im Zusammenhang mit Geld? ... 145
Was bedeutet Insolvenz? ... 145
Was sind Steuern und wer muss Steuern bezahlen? ... 147
Was sind Versicherungen und welche sind wirklich wichtig für dich? ... 149

Glossar ... 152

Stichwortverzeichnis ... 156

Bildnachweis ... 160

WAS IST GELD?

Die einfachsten Fragen sind manchmal die schwersten. „Was ist Geld?" gehört zu diesen einfachen schweren Fragen. Viele kluge Köpfe haben sich schon damit befasst. Das Ergebnis: Eine einfache Definition gibt es nicht. Die Grenzen zwischen dem, was Geld ist, und dem, was kein Geld ist, sind unscharf und verändern sich.

KRÖTEN, KOHLE, CASH – IST DAS ALLES GELD?

So viele Formen von Geld es gibt, so viele Bezeichnungen dafür finden sich. „Kröten" ist eine solche Bezeichnung, „Kohle" eine andere. „Cash" kommt natürlich aus dem Englischen. Du kennst sicher noch mehr solcher Ausdrücke: **Asche, Mäuse, Moos** und Penunzen zum Beispiel, aber auch Flocken, Flöhe, Kies, Knete oder Schotter, Mammon und Zaster. Diese Aufzählung ist lange nicht vollzählig und jeden Tag kommen irgendwo neue Wörter hinzu.

Selbstverständlich meint man nicht die warzigen Amphibien, wenn man Kröten sagt. Die Vorstellung, eine Kröte aus der Tasche zu ziehen und damit etwas zu bezahlen, ist auch mehr als seltsam. Auch echte Asche, lebendige Mäuse oder hüpfende Flöhe sind nicht besonders geeignet, um als echtes Geld zu dienen.

Dass es für Geld aber so viele verschiedene Bezeichnungen gibt, zeigt eines: Geld ist den Menschen wichtig – und das in einem doppelten Sinne: Manchen (vielen?) Menschen ist es wichtig, viel Geld zu haben, also reich zu sein. Für alle Menschen – zumindest in den angeblich zivilisierten Gegenden dieser Erde – ist es aber wichtig, dass es überhaupt Geld gibt. **Geld erleichtert das Zusammenleben** der Menschen. Wie das funktioniert, was dafür notwendig ist und was dabei auch schiefgehen kann: Davon handelt dieses Buch.

WARUM IST GELD WICHTIG?

Dass es Geld gibt, ist so selbstverständlich, dass die Frage nach dem Warum gar nicht so einfach zu beantworten ist. Auch du bist schon mit Geld umgegangen, bevor du überhaupt in die Schule gekommen bist, und sei es nur, um dir im **Sommer ein Eis** zu kaufen.

Stell dir aber mal vor, es gäbe so etwas wie Geld nicht und du wolltest dir ein Eis kaufen (oder eine Kinokarte oder einen Burger oder ein Buch oder ... was du dir so vorstellst eben). Der Eisverkäufer lebt davon, dass er sein Eis verkauft. Er kann es nicht einfach verschenken, denn dann könnte er die Zutaten und die Eismaschine nicht bezahlen, auch nicht seine Miete, sein Essen oder seine Kleidung. Er muss also etwas nehmen für sein Eis. Was könnte das sein, wenn es kein Geld gibt?

„**Güter**" sind alle Dinge, die man für Geld kaufen kann – „handfeste" wie Kleidung, Bücher oder Handys, aber auch eher „flüchtige" wie etwa Kinokarten, ein Haarschnitt oder andere Dienstleistungen.

Der Eisverkäufer könnte sein Eis direkt tauschen gegen die Güter, die er braucht. Beim Burger könnte das vielleicht noch funktionieren, aber bei Jeans oder T-Shirts schon nicht mehr. Und wie viel Eis soll er seinem Vermieter dafür geben, dass er in seinem Haus wohnen darf? So viel Eis kann kein Vermieter der

Welt essen, schon gar nicht jeden Monat.

Da ist Geld viel praktischer: Du zahlst damit das, was du brauchst oder haben möchtest, und der Verkäufer kann wiederum mit dem eingenommenen Geld kaufen, was er braucht oder haben möchte.

Erste Aufgabe von Geld: Zahlungsmittel. Mit Geld kann man bezahlen, wenn man andere Güter kaufen möchte.

WIE KANNST DU MIT GELD RECHNEN?

Geld dient aber nicht nur als Tauschmittel. Du kannst mit Geld auch viel besser **Preise vergleichen** als ohne Geld. Wenn eine Kugel Eis 1,50 Euro kostet und eine Kinokarte 15 Euro, ist gleich klar, dass man für einen Kinobesuch auf zehn Kugeln Eis verzichten muss. Kommt nur ein weiteres Gut dazu, zum Beispiel das Deutschlandticket mit 49 Euro, wird es komplizierter: Ein Deutschlandticket ist so teuer wie 3,27 Kinobesuche oder wie 32,67 Kugeln Eis. Oder – andersherum – ein Kinobesuch kostet 0,31 Deutschlandtickets, eine Kugel Eis 0,03 Deutschlandtickets. Du siehst: Die Rechnerei wird sehr schnell kompliziert. Bei teuren Gütern – zum Beispiel Autos oder Häusern – werden zwei Stellen nach dem Komma kaum reichen, um ein genaues Wertverhältnis anzugeben. Kostet ein Haus etwa 400.000 Euro, so kostet es 266.666,67 Kugeln Eis. Umgekehrt kostet ein Eis 0,00000375 Häuser. Wie kompliziert! „Praktisches Rechnen“ sieht anders aus.

Zweite Aufgabe von Geld: Recheneinheit. Es ist viel einfacher, alle Preise in der gleichen Einheit – Geld – auszudrücken als in Relation zu vielen anderen Gütern.

Wenn du den Preis eines Gutes immer nur in einer bestimmten Anzahl der anderen Güter ausdrückst –

die Ökonomen nennen das **„relative Preise"** – kommst du vor lauter Hin-und-her-Rechnen gar nicht mehr dazu, irgendetwas zu kaufen. Je mehr Güter es in einer Wirtschaft gibt, desto größer ist die Zahl der relativen Preise. Bei fünf Gütern sind es $5 * 4 = 20$ verschiedene relative Preise (der Preis eines Gutes in Einheiten des gleichen Gutes zählt nicht mit, der ist ja immer 1). Bei 100 Gütern sind es dann schon $100 * 99 = 9.900$ verschiedene relative Preise.

Und man kann ja nicht nur fünf oder hundert, sondern hunderttausende verschiedene Produkte kaufen ...

Geld vereinfacht das Leben da doch sehr: Wenn es hundert Güter gibt und man einigt sich auf eines dieser Güter als Wertmaßstab, also das „Geld", gibt es nur noch 100 - 1 = 99 **Preise**. Alle Preise haben dann ein- und dieselbe Einheit – zum Beispiel Euro oder Dollar oder Franken.

WIE KANNST DU MIT GELD WERTE FÜR DIE ZUKUNFT AUFBEWAHREN?

Geld vereinfacht das Leben sehr.

Nicht jedes Gut eignet sich dazu, als Geld zu dienen. Nehmen wir wieder eine Kugel Eis: Du kannst vielleicht mit Eis bezahlen, wenn du jemanden findest, der dir für die Kugel Eis etwas gibt, was du haben möchtest. Du kannst auch alle Preise in Eiskugeln berechnen. Dann kostet die Monatsmiete etwa nicht 800 Euro, sondern 533,33 Kugeln Eis. Das ist nicht besonders praktisch, aber möglich.

Eis hat aber ein Problem: Es ist nicht besonders haltbar. Wenn du Eis als Zahlungsmittel akzeptierst, kannst du es natürlich sofort essen. Dann ist es weg, du hast es konsumiert und es hat dir hoffentlich geschmeckt. Wenn du nun gerade keine Lust auf Eis hast oder du bekommst 533,33 Kugeln Eis von deinem Mieter, musst du es irgendwie aufheben. Das geht nur in der Kühltruhe, sonst ist dein Eis schneller geschmolzen, als du es wieder ausgeben (oder essen) kannst. Eine Kühltruhe anzuschaffen kostet aber und sie verbraucht Strom. Die Aufbewahrung des Eis-Gelds, bis du etwas anderes damit kaufen möchtest, ist also teuer.

Und selbst in der Kühltruhe ist dein Eis nicht ewig haltbar. Irgendwann schmeckt es nicht mehr und dann wirst du niemanden mehr finden, der dir für das alte Eis etwas verkauft. Oder der Verkäufer wird von dir mehr Eiskugeln haben wollen, wenn es nicht mehr so lange haltbar ist, dein Eis verliert also an Wert.

Eis-Geld eignet sich also nicht zur **Wertaufbewahrung**. Das wollen die Menschen aber: Wert aufbewahren. Manchmal für kurze Frist – wenn etwa vom monatlichen Gehalt den ganzen Monat über immer mal wieder frische Lebensmittel gekauft werden sollen. Aber auch langfristig soll Geld der Wertaufbewahrung dienen: Wenn du für ein Fahrrad oder den Führerschein sparst, wenn deine Eltern für einen Urlaub oder auch für ihr eigenes Alter sparen, geht das mit Geld sehr viel einfacher als mit Gütern.

Damit du das, was du als Taschengeld bekommst oder in einem Ferienjob verdienst, jetzt sparen und später ausgeben kannst, muss das Geld also **haltbar** sein. Eis eignet sich da nicht. Deshalb akzeptieren die Menschen seit jeher nur solche Güter als Geld, die wirklich dauerhaft sind.

Münzen aus Metall kommen da in Frage, aber auch bedrucktes Papier. Aber sogar das kann verbrennen …

Dritte Aufgabe von Geld: Wertaufbewahrung. Geld, das man heute bekommt, muss man nicht sofort wieder ausgeben – man kann es aufbewahren und später verwenden.

IST GELD MANCHMAL UNSICHTBAR?

Münzen und Geldscheine kann man **sehen**, aber auch **anfassen** und **fühlen**. Blinde oder sehbehinderte Menschen können so feststellen, welchen Wert eine Münze oder ein Schein haben, das Geld ist extra dafür mit bestimmten Merkmalen ausgestattet.

Man kann aber nicht jede Form von Geld sehen. Viel Geld ist unsichtbar, weil es auf **Konten** bei den Banken liegt. Da sieht man nur die Zahlen auf den Kontoauszügen – früher auf Papier, heute fast immer am Computer. Dieses Geld lässt sich aber bequem vom Konto abheben und wieder in Geldscheine zurückverwandeln. Einzige Voraussetzung ist ein funktionierender Bankautomat – und den findet man ja fast an jeder Ecke.

Um eine Rechnung zu bezahlen, musst du aber nicht unbedingt Geld vom Konto abheben. Du kannst auch den Rechnungsbetrag von deinem Konto auf ein anderes **überweisen**. Das ist praktisch, denn Käufer und Verkäufer müssen sich dann nicht mehr zur Geldübergabe treffen. Und es ist sicher, denn große Bargeldsummen locken schon mal den einen oder anderen Menschen an, der dein Geld auch gerne hätte (auch wenn er nichts dafür geleistet hat, außer es dir abzunehmen). Dieses Risiko kann man durch den bargeldlosen Zahlungsverkehr leicht vermeiden.

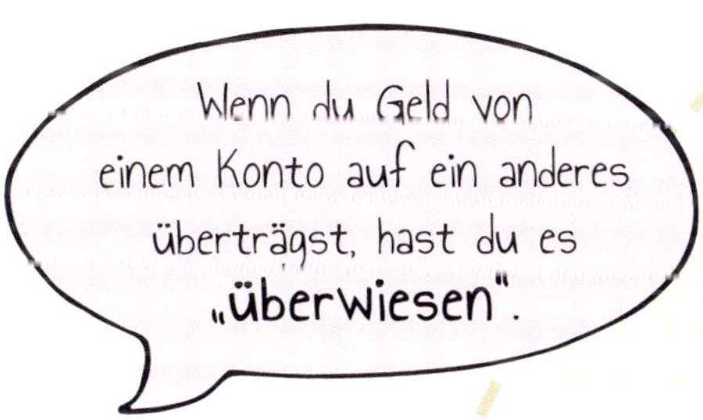

MIT GELD BEZAHLEN – WIE GEHT DAS?

Es gibt viele verschiedene Möglichkeiten, mit Geld zu bezahlen. Hier sind einige der gebräuchlichsten Methoden:

- **Bargeld:** Wenn du Bargeld – also Münzen oder Geldscheine – hast, kannst du sie verwenden, um Dinge zu kaufen, indem du das Geld direkt an den Verkäufer übergibst.

- **Mobile Zahlung:** Einige Geschäfte bieten die Möglichkeit, mit einem Smartphone oder einer Smartwatch zu bezahlen. Dazu musst du eine App herunterladen und dein Bankkonto oder deine Kreditkarte damit verknüpfen. An der Kasse hältst du dann dein Smartphone oder deine Smartwatch gegen ein Lesegerät, um zu bezahlen.

- **Online-Zahlung:** Wenn du etwas online kaufen möchtest, kannst du in der Regel gegen Rechnung, mit einer Kreditkarte, einer Debitkarte oder einer Online-Zahlungsplattform wie PayPal oder Apple Pay bezahlen.

- **Kreditkarten:** Kreditkarten sind Plastikkarten, die die Kunden von der Bank erhalten. Man kann sie beim Einkauf verwenden, indem man sie an der Kasse in ein Lesegerät steckt oder darüberzieht. Alle Zahlungen werden auf dem Kreditkartenkonto vermerkt und dann einmal im Monat vom Konto abgebucht.

- **Debitkarten:** Debitkarten sind ähnlich wie Kreditkarten, aber sie sind mit dem Bankkonto direkt verbunden. Wenn du eine Debitkarte verwendest, wird der Betrag sofort von deinem Bankkonto abgebucht.

Jede Zahlungsmethode hat Vor- und Nachteile. Du solltest immer sicherstellen, dass du **genügend Geld** hast, bevor du etwas kaufst. Wenn du Kredit- oder Debitkarten nutzt, musst du auf sie genauso gut aufpassen wie auf Bargeld. Informiere dich gut, welche Zahlungsmethode für dich am besten geeignet ist.

IST ALLES GELD, WOMIT DU RECHNEN, BEZAHLEN ODER SPAREN KANNST?

Damit ein Gut als Geld dienen kann, muss man es als **Recheneinheit** nutzen können, der Verkäufer muss es als **Zahlungsmittel** annehmen und man muss es aufheben **(sparen)** können, damit man es später ausgeben oder verschenken kann. Nicht alles, womit man den Wert eines Gutes berechnen, bei seinem Kauf zahlen oder für einen späteren Kauf sparen kann, ist aber auch Geld.

Beim Sparen siehst du das am deutlichsten: Du kannst Geld in Form von Münzen oder Geldscheinen im **Sparschwein** (oder unter der Matratze) sammeln, aber du kannst deine Ersparnisse auch auf ein **Sparbuch** einzahlen. Da kannst du es dauerhaft liegen lassen. Mit einem Sparbuch kannst du aber nicht an der Kinokasse bezahlen, vorher musst du dein Geld wieder abheben. Ein Sparbuch ist also kein Geld, auch wenn da ein Euro-Betrag drinsteht, du kannst es aber wieder zu Geld machen.

Oder du kaufst **Goldmünzen** von deinem Ersparten. Mit diesen Münzen kannst du nur schwer rechnen, schon allein, weil der Goldpreis in Euro ständig schwankt. Zwei Maßstäbe gleichzeitig zu benutzen, deren Wertverhältnis zueinander sich ständig ändert, ist aber unpraktisch. (Wenn das Verhältnis zweier Maßstäbe für die gleiche Sache sich nicht ändert, ist es auch sinnlos, sie gleichzeitig zu benutzen. Deshalb rechnen einige Länder nur in Kilometern, andere nur in Meilen, kein Land aber benutzt beide Größen zur Entfernungsmessung.)

Und bezahlen kannst du mit Goldmünzen auch nicht, denn für die meisten Käufe sind die Münzen einfach viel zu teuer.

Auch nicht alles, womit man zahlen kann, ist Geld. Wer ein neues **Auto** kauft, gibt oft sein altes „in Zahlung".

Das bedeutet, dass der Autohändler das alte Auto nimmt und dafür den Preis für das neue geringer ansetzt. Das neue Auto wird also teilweise mit Geld, teilweise mit dem alten Auto bezahlt. Dadurch wird das alte Auto aber nicht zu Geld, auch wenn es eine Geldzahlung ersetzt.

KANNST DU MIT GELD ALLES KAUFEN?

Geld braucht man, um Dinge zu kaufen, die man wirklich nötig hat oder gerne haben möchte. Natürlich zählen dazu die Miete, Nahrungsmittel, Kleidung oder Medikamente. Wenn man genug Geld hat, kann man sich auch Dinge leisten, die man sich wünscht. Zum Beispiel kann man besonders coole **Kleider** shoppen, einen tollen **Urlaub** machen oder sich ein schönes **Haus** kaufen.

Aber Geld ist ganz sicher nicht das Wichtigste im Leben. Trotzdem ist es definitiv ein Problem, wenn jemand kein oder nur sehr wenig Geld zur Verfügung hat. Vielleicht hast du es schon erlebt, dass deine Eltern darüber gesprochen haben, dass sie sich etwas nicht leisten können. Wenn das „nur" der nächste Urlaub war, dann ist das schade, aber kein großes Problem. Wenn du aber schon mitbekommen hast, dass sich jemand das **Essen** für den nächsten Tag nicht leisten konnte, dann weißt du, wie tragisch die Situation ohne Geld sein kann.

Trotzdem gibt es viele **Dinge, die wichtiger sind als Geld**, wie zum Beispiel Freundschaft und Gesundheit. Die kannst du mit Geld nicht kaufen. Und es gibt viele Menschen, die sich „reich" fühlen, obwohl sie nicht viel Geld haben.

Hast du schon einmal überlegt, was du dir unbedingt kaufen möchtest? Du könntest dir eine **Liste machen mit den 5 Dingen**, für die du dir Geld wünschst oder dein Taschengeld sparen wirst:

1. ____________________

2. ____________________

3. ____________________

4. ____________________

5. ____________________

WIE ENTSTEHEN PREISE?

Damit man mit Geld rechnen und Güter kaufen kann, muss man deren **Preise** kennen. In Deutschland ist sogar in der **Preisangabenverordnung** festgelegt, dass an allen Gütern, die zum Kauf angeboten werden, die Preise dranstehen müssen. Wer legt aber fest, dass eine Kugel Eis 1,50 Euro kostet, ein Kinobesuch 15 Euro und ein Deutschlandticket 49 Euro?

Das könnte natürlich eine Behörde machen und das wurde auch schon versucht. Die Wirtschaft ist aber viel zu kompliziert und auch zu schnelllebig, als dass dies funktionieren könnte. Wie soll die Behörde feststellen, was der richtige Preis für eine Kugel Eis ist? Sie müsste die Preise für alle Zutaten kennen, das Rezept für jede einzelne Eissorte, die Kosten, die der Eisverkäufer für seine Küche, seine Maschinen, seine Kühlschränke hat, und sie müsste auch festlegen, wie viel Geld der Eisverkäufer über seine Kosten hinaus verdienen soll, um sein Essen, seine Kleidung, seine Miete zu finanzieren. Und da jede Eisdiele unterschiedliche Eissorten anbietet und unterschiedliche Rezepte verwendet,

Auf einem Wochenmarkt ist das mit dem „Treffen" wörtlich zu verstehen, aber es gibt auch **Märkte** (zum Beispiel im Internet), da treffen Käufer und Verkäufer zusammen, ohne sich wirklich zu sehen.

müsste die Preisbehörde diese Festlegung für jede Eisdiele einzeln machen. Und da die Menschen nicht nur Eis essen wollen, sondern viele andere Bedürfnisse haben, müsste die Preisbehörde für jedes einzelne Gut den passenden Preis finden. Das ist selbst im Computerzeitalter unmöglich.

Viel praktischer und zuverlässiger als jede Behörde ist da der **Markt**, auf dem sich **Käufer** und Verkäufer treffen. Die Käufer von Eis überlegen sich nun, was ihnen eine Kugel Eis wert ist. Das stellt die Obergrenze für den Preis dar – mehr werden sie nicht bezahlen wollen (gerne aber weniger, dann bleibt Geld für andere Käufe übrig). Und die **Verkäufer** wissen, was eine Kugel Eis in der Herstellung kostet. Das stellt die Untergrenze für den Preis dar – weniger werden sie nicht akzeptieren (gerne aber mehr, denn dann machen sie Gewinn). Wenn die Käufer nun bereit sind, so viel zu bezahlen, wie der Verkäufer verlangt, kommt das Geschäft zustande. Es bildet sich ein **Gleichgewichtspreis**.

Der Gleichgewichtspreis ist nicht auf alle Zeiten festgeschrieben, denn die Kosten können sich ändern oder die Vorlieben der Käufer. Und der Preis muss auch nicht für alle Eisdielen gleich sein, denn die eine hat vielleicht besonders ausgefallene Eissorten, bei der anderen sind die Verkäuferinnen freundlicher und bei einer dritten kann man besser parken. Das alles hat Einfluss auf den Preis für eine einfache Kugel Eis.

Nicht alle Preise werden aber vom Markt bestimmt. Das Deutschlandticket kostet zum Beispiel 49 Euro, weil die Politiker und Politikerinnen in Bund und Ländern das so beschlossen haben. Ziel ist es, dass mehr Menschen mit Bus und Bahn fahren und dafür das Auto stehen lassen. Um das zu erreichen, zahlt der Staat den Verkehrsbetrieben etwas zusätzlich – eine Subvention, denn die 49 Euro reichen nicht aus, alle Kosten zu decken. Und es wurden 49 Euro und nicht 50 genommen, weil 49 besser aussieht. Es steht halt eine „4“ vorne und keine „5“. Die Psychologie spielt bei der Preisfindung also auch eine Rolle – gleich, ob der Markt oder der Staat den Preis ermittelt.

? DIE SPANNENDE FRAGE: KANN MAN IN GELD BADEN?

Wer kennt sie nicht: die reichste Ente der Welt? Dagobert Duck, der Multi-Milliardär aus Entenhausen, nimmt regelmäßig ein **Bad** in seinem Geldspeicher: „Mein sorgsam gehortetes Geld! Es ist mir ein Hochgenuss, wie ein Seehund hineinzuspringen! Und wie ein Maulwurf darin herumzuwühlen! Und es in die Luft zu schmeißen, dass es mir auf die Glatze prasselt“, so wird er zitiert. Was für Dagobert Duck entspannend ist, stellen wir uns eher **kantig** und **kratzig** vor.

Der indische Politiker Samar Acharjee hat es im Jahr 2013 Dagobert Duck nachgemacht und in Geld gebadet, das er vorher von seinem Konto abgehoben hatte. Zwei Millionen Rupien – etwa 24.000 Euro – hat er dafür gebraucht. Allerdings hat er nicht in Goldmünzen, sondern in Bündeln von Geldscheinen gelegen. Ob das viel bequemer war, muss bezweifelt werden. Und gut bekommen ist es Herrn Acharjee auch nicht, denn seine Partei fand die Aktion nicht so toll und hat ihn danach hinausgeworfen. Immerhin war er aber für kurze Zeit berühmt.

Ja, man kann also in Geld baden. Es macht aber **wenig Sinn**, denn es ist unbequem und macht auch nicht richtig sauber. Da nimmt man besser ein paar Euro in die Hand und zahlt den Eintritt für das Freibad. Und vielleicht bleibt auch noch etwas übrig für ein Eis ...

WIE HAT SICH GELD IM LAUFE DER ZEIT ENTWICKELT?

In diesem Kapitel erfährst du, wie sich Idee und Praxis des Geldes in der Geschichte gewandelt haben. Es geht um unterschiedliche Formen von Geld, die in verschiedenen Kulturen und Zeiten verwendet wurden. Und wie sich Geld als Mittel zum Austausch und zur Wertspeicherung entwickelt hat.

SIND TULPENZWIEBELN GELD?

Tulpenzwiebeln sind natürlich keine Münzen oder Scheine, die man benutzen kann, um Dinge zu kaufen. Aber es gab eine Zeit in der Geschichte, als Tulpenzwiebeln eine hohe Bedeutung hatten: Vor langer Zeit, nämlich im 17. Jahrhundert, gab es in Holland eine große Faszination für Tulpen. Daraus entstand eine Art **Hype um Tulpenzwiebeln**.

Die Leute dachten, dass Tulpenzwiebeln sehr selten und wertvoll wären, und begannen, viel Geld für sie zu zahlen. Die Preise stiegen so hoch, dass manche Menschen mehr Geld für eine einzige Tulpenzwiebel bezahlten als für ein Haus!

Aber diese Begeisterung für Tulpenzwiebeln als Investition hielt nicht lange an. Die Preise fielen sehr schnell. Viele Menschen verloren ihr Vermögen, da der Preis für Tulpenzwiebeln schlagartig abgestürzt war und sie alles in Tulpen angelegt hatten – manchmal sogar geliehenes Geld.

Phasen, in denen Preise für Geldanlagen sehr schnell steigen, nennt man an der Börse **„Hausse“** (das spricht man so: **OS**).

Die **Tulpen-Hausse** ist ein bekanntes Beispiel für eine spekulative Blase auf einem Markt und zeigt, wie menschliche Emotionen und Gier den Preis von Gütern in die Höhe treiben können.

Tulpen gibt es bis heute. Sie sind immer noch sehr hübsche Pflanzen, aber sie haben keinen finanziellen Wert wie echtes Geld.

WAS WAR DAS ERSTE GELD?

Die ersten Vorläufer von Geld entstanden, weil Menschen etwas tauschen wollten. Frauen webten zum Beispiel Stoffe und nähten Kleidung, Männer bestellten die Felder oder gingen auf die Jagd. Waren oder Dienstleistungen sollten gegen andere Waren oder Dienstleistungen eingetauscht werden. Ein Mann hatte ein Schaf und brauchte Holz. Eine Frau hatte Wolle und brauchte Kräuter für Medizin. Eine andere Frau suchte ein Schaf, hatte aber kein Holz. Und der Wert all dieser Produkte war auch nicht gleich hoch.

Wenn jemand eine **Dienstleistung** erbringt, dann macht er für Geld etwas für jemand anderen, zum Beispiel schneidet er die Haare oder er fährt ein Taxi

Deshalb wurden Gegenstände wie Muscheln oder Schneckenhäuser, haltbare Lebensmittel wie Salz oder Reis oder auch Tiere als Tauschmittel verwendet. Man nennt das **Warengeld**. Der Mann bekam für sein Schaf Reis, für den er von jemand anderem Holz kaufen konnte. Es mussten sich also nicht mehr zwei Menschen treffen, die wechselseitig genau das Produkt des anderen brauchten.

Im Laufe der Zeit haben verschiedene Kulturen ganz unterschiedliche Arten von Geld entwickelt, die zu ihren Bedürfnissen passten. Natürlich kam es auch darauf an, welche Rohstoffe verfügbar waren. Die Azteken zum Beispiel nutzten **Kakaobohnen** als Recheneinheit und als Geld. Weil es nicht genug

Kakaobohnen gab, um alle Geschäfte abzuwickeln, wurde der Handel beispielsweise so abgewickelt, dass ein Bund Feuerholz im Wert von 6 Kakaobohnen gegen Chilischoten im Wert von 5 Kakaobohnen getauscht wurde und zum Ausgleich zusätzlich eine Kakaobohne dazu gegeben wurde.

Noch bevor Münzen als Geld zum Einsatz kamen, nutzten die Menschen Edelmetalle wie **Gold** und **Silber** für den Tausch. Diese haben den großen Vorteil, dass sie zumindest in kleinen Mengen gut transportierbar, teilbar, haltbar und wegen der aufwendigen Gewinnung relativ wertstabil sind. Und sie sehen gut aus.

Metalle wurden aber auch zu Waffen oder Werkzeugen verarbeitet. So wurden Schwerter, Messer, Hacken und Spaten aus Kupfer und Bronze wie Geld verwendet. Die Briten benutzten noch **Eisenschwerter** als Währung, als andere Teile Europas längst Münzen verwendeten. Auch zu **Schmuck** verarbeitetes Metall war als Geld üblich.

Die lange Nutzung von Metallen als Geld spiegelt sich bis heute in den Begriffen für Geld wider. Das französische Wort für Geld ist **argent**, was auch mit „**Silber**“ übersetzt werden kann.

WARUM WIRD EIN STÜCK PAPIER ALS GELD AKZEPTIERT?

In der Vergangenheit gab es, wie du im vorherigen Kapitel gelesen hast, Geld in ganz verschiedenen Formen, wie beispielsweise Kakaobohnen, Reis oder Kupferklümpchen, aber auch bis zu fünf Tonnen schwere Steinscheiben. Allerdings hat sich Münz- und Papiergeld als das vorherrschende Zahlungsmittel durchgesetzt. Münzen und Geldscheine haben einen großen Vorteil: Sie sind einfach zu benutzen und zu transportieren. Man kann sie stapeln und in verschiedenen Stückelungen ausgeben.

Die Stückelung von Papiergeld bezieht sich auf die verschiedenen **Nennwerte** von Geldscheinen, die ausgegeben werden. Sie kann von Land zu Land unterschiedlich sein, aber in den meisten Ländern gibt es eine ähnliche Aufteilung. In der Eurozone zum Beispiel gibt es Geldscheine mit Nennwerten von 5, 10, 20, 50, 100 und 200 Euro. In den USA gibt es Banknoten mit Nennwerten von 1, 2, 5, 10, 20, 50 und 100 US-Dollar. In der Schweiz haben die Banknoten Nennwerte von 10, 20, 50, 100, 200 und 1.000 Schweizer Franken.

Die verschiedenen Stückelungen von Papiergeld dienen dazu, den Bedürfnissen der Verbraucherinnen und Verbraucher gerecht zu werden und verschiedene Transaktionsbeträge zu ermöglichen. Kleine Nennwerte wie 5- oder 10-Euro-Scheine werden oft für den **täglichen Gebrauch** verwendet, während größere Nennwerte wie 100- oder 200-Euro-Scheine für **größere Anschaffungen** oder als **Wertaufbewahrungsmittel** genutzt werden können.

Papiergeld wird als Geld akzeptiert, weil es von Regierungen und Zentralbanken als **gesetzliches Zahlungsmittel** anerkannt wird. Ein 100-Euro-Schein hat einen Nennwert von 100 Euro. Das bedeutet, dass er als gesetzliches Zahlungsmittel in der Eurozone akzeptiert wird und eben einen Wert von 100 Euro hat. Die Menschen können ihn dazu verwenden, um Waren und Dienstleistungen im Wert von 100 Euro zu bezahlen, 100 Euro für die Zukunft zu sparen oder auch Schulden in Höhe von 100 Euro zu begleichen. Das klingt logisch, oder?

Der **Sachwert** eines 100-Euro-Scheines ist sehr gering, da es sich bei einem Geldschein um ein Stück Papier (aus Baumwolle) handelt, das nur einen geringen materiellen Wert hat. Er liegt wahrscheinlich nur im Bereich von einigen Cent. Trotzdem kann man damit Güter für 100 Euro kaufen. Jetzt wird es spannend!

Das **Vertrauen** der Menschen in Papiergeld als Wertaufbewahrungsmittel und Tauschmittel basiert nur darauf, dass die Regierungen und Zentralbanken für die Stabilität des Geldsystems garantieren. Sie sorgen für eine angemessene Menge an Geld im Umlauf und bestimmen Zinssätze, die wie ein Preis für Geld wirken. Dazu kommen wir später noch.

MÜNZEN PRÄGEN, MÜNZEN SCHLAGEN – WAS HEISST DAS?

„Münzen prägen" bedeutet, dass eine spezielle Maschine verwendet wird, um ein flaches Metallstück mit einem speziellen **Muster** zu versehen und es in eine runde **Form** zu bringen. Dabei wird das Metallstück zwischen zwei Formen, die man Stempel nennt, gelegt und mit hohem Druck zusammengepresst. So kommt das Muster der Münze auf die Oberfläche. Das fertige Objekt wird als Münze bezeichnet.

Früher wurden Münzen nicht mit einer Maschine geprägt, sondern in mühsamer Handarbeit „geschlagen": Auf den Unterstempel wurde ein Metallstück gelegt und von oben wurde mit einem Hammer auf den Oberstempel geschlagen. So wurden Vorder- und Rückseite einer Münze in einem Arbeitsgang gestaltet. Jede Münze war ein Einzelstück – und deshalb sah auch jede Münze ein klein wenig anders aus.

Das Prägen von Münzen hat eine lange Tradition, die bis in die Antike zurückreicht. Heutzutage wird die Münzprägung von Regierungen oder Zentralbanken beauftragt, um Münzen als Zahlungsmittel, also als Geld, auszugeben. **Alle Länder haben eigene Gestaltungen für ihre Münzen**, um ihre nationale Identität und Kultur zu zeigen.

Münzen werden normalerweise aus Metallen wie Kupfer, Nickel, Silber oder Gold hergestellt. Oder aus Mischungen von zwei oder mehr Metallen. Das nennt man **Legierung**.

Die Euro-Münzen bestehen aus einem Kern aus Kupfer oder Nickel und einer äußeren Schicht aus einer speziellen Mischung von Metallen (Legierung), je nach Nennwert der Münze. Die Legierung verleiht jeder Münze ihre einzigartige Farbe und Textur.

Die 1-, 2- und 5-Cent-Münzen bestehen aus Stahl, der mit einer dünnen Kupferschicht beschichtet ist, um sie vor Korrosion zu schützen.

Die 10-, 20- und 50-Cent-Münzen haben einen Kupferkern und eine äußere Schicht aus einer Legierung, die aus Kupfer, Zink und Nickel besteht. Diese Legierung verleiht den Münzen ihre goldene Farbe.

Die 1- und 2-Euro-Münzen sind zweifarbig und bestehen jeweils aus zwei Legierungen: Für die silberne Farbe sorgt eine Kupfer-Nickel-Legierung, die goldene Farbe entsteht durch eine Legierung aus Messing und Nickel.

Die genauen Zusammensetzungen der Legierungen variieren von Land zu Land, aber sie werden von den jeweiligen Zentralbanken und Münzprägestätten sorgfältig ausgewählt, um sicherzustellen, dass die Münzen robust, langlebig und schwer zu fälschen sind.

Münzen werden normalerweise als Geld verwendet. Sie können auch als Sammlerstücke oder zur Herstellung von Schmuck oder anderen dekorativen Gegenständen verwendet werden.

WARUM WURDEN OFT DIE BILDER VON KÖNIGEN UND KAISERINNEN AUF MÜNZEN GEPRÄGT?

Es war in vielen Ländern üblich, das Porträt von Königinnen oder Kaisern, aber auch Herzögen, Fürstinnen oder Grafen auf Münzen zu prägen. Berühmte Beispiele sind **Queen Elizabeth II.** auf den britischen oder **Kaiser Franz Joseph I.** auf den österreichischen Münzen. Auch die Freien Reichsstädte haben Münzen geprägt – dann oft mit Städtedarstellungen oder dem Reichsadler.

Traditionell wurden Bilder von Königen und Kaiserinnen auf Münzen geprägt, um deren **Autorität** und **Herrschaft** zu symbolisieren. In einigen Ländern wurde das Porträt des Königs oder der Kaiserin auch auf Münzen geprägt, um die wichtige Rolle im kulturellen und politischen Leben des Landes darzustellen. Das Porträt eines Königs oder einer Kaiserin auf einer Münze sollte außerdem dazu beitragen, das Vertrauen in die Stabilität und den Wert der Währung zu stärken.

In manchen Fällen wurden Münzen auch als Propagandainstrument, das heißt Werbeinstrument, eingesetzt, um die Herrscherinnen oder Herrscher in einem positiven Licht darzustellen und ihre Macht zu legitimieren.

Im Laufe der Zeit änderte sich die Darstellung auf Münzen, um auch andere wichtige Ereignisse oder Persönlichkeiten zu würdigen, wie beispielsweise bedeutende Ereignisse in der Geschichte eines Landes oder wichtige Persönlichkeiten aus Kunst, Kultur und Wissenschaft.

Wusstest du, dass auf den Euro-Münzen unterschiedliche Darstellungen sind? 1-Euro-Münzen aus Deutschland haben ein anderes Motiv als 1-Euro-Münzen aus Italien oder Österreich. **Schau mal nach**, was du in deinem Geldbeutel findest!

Heute werden Münzen oft auch mit Abbildungen von **Nationaldenkmälern**, historischen **Gebäuden** oder **Landschaften** gestaltet, um die Identität und Kultur eines Landes zu repräsentieren.

SEHEN ALLE EURO-MÜNZEN GLEICH AUS?

Jede Euro-Münze hat eine europäische Seite, die im ganzen Euroraum gleich ist, und eine nationale Seite mit Motiven, die das jeweilige Land auswählt. Mit allen Euro-Münzen kannst du im gesamten Euroraum bezahlen.

Auf den deutschen Euro-Münzen sind verschiedene Motive abgebildet, die jeweils eine bestimmte Bedeutung haben. Die Motive auf den Münzen werden durch Wettbewerbe ausgewählt, bei denen Künstlerinnen und Künstler ihre Entwürfe einreichen können. Die acht deutschen Euro- und Cent-Münzen unterscheiden sich in ihrer Größe, Gestaltung und Farbe. Es gibt Münzen zu 1, 2, 5, 10, 20 und 50 Cent sowie zu 1 und 2 Euro.

Hier die Darstellungen auf den deutschen Euro-Münzen im Detail:

1-, 2- und 5-Cent-Münze: ein Eichenblatt, das für die Eiche, den in Deutschland sehr weit verbreiteten Baum, steht. Sie ist ein Symbol für Kraft und Stabilität.

10-, 20- und 50-Cent-Münze: ein Abbild des Brandenburger Tors in Berlin, das für Freiheit und Einheit steht

1- und 2-Euro-Münze: der Bundesadler als traditionelles Symbol der deutschen Stärke

Kann es sein, dass es Münzen mit dem Wert von 11 oder 25 Euro gibt?

Du findest solche Münzen wahrscheinlich nicht in deinem Geldbeutel, weil es Sammlerstücke sind. Aber es gibt sie!

Seit Einführung des Euro-Bargeldes werden jährlich mehrere deutsche **Euro-Sammlermünzen** herausgegeben, die in Deutschland sogar als gesetzliches Zahlungsmittel gelten. Du könntest also mit diesen schönen Stücken im Geschäft bezahlen. Das macht aber fast niemand.

Ausgaben dieser Münzen sind ab Ausgabetag und solange der Vorrat reicht bei allen Filialen der Deutschen Bundesbank zum Nennwert erhältlich. Sie kosten also so viel, wie aufgedruckt ist – mit Ausnahme der Goldmünzen, die einen viel höheren Materialwert haben und deshalb teurer sind.

Die erste 20-Euro-Münze erschien mit dem Motiv **„Rotkäppchen"** aus der Reihe der grimmschen Märchen. Im Jahr 2015 wurde die Wiedervereinigung Deutschlands mit einer einmaligen Ausgabe einer Münze mit einem dem Anlass entsprechenden Nennwert von 25 Euro gewürdigt. Seit 2022 erscheinen regelmäßig 5-Euro-Sammlermünzen zum Thema **„Wunderwelt Insekten"**. Und 2024 ist eine 11-Euro-Münze geplant – lassen wir uns überraschen!

IST GELD IMMER GLEICH VIEL WERT UND WAS IST INFLATION?

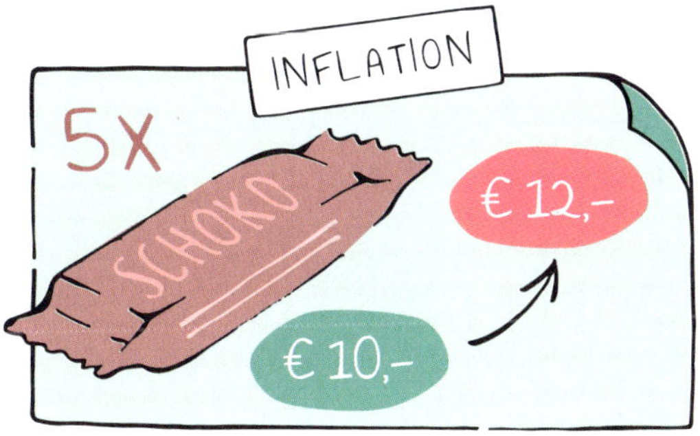

Stell dir vor, du hast **10 Euro** in deiner Tasche. Mit diesen 10 Euro kannst du dir im Laden zum Beispiel 5 Schokoriegel kaufen. Aber plötzlich werden die Preise höher und du musst für die gleichen **5 Schokoriegel** 12 Euro bezahlen. Das bedeutet, dass dein Geld weniger wert ist und du für die gleiche Menge an Schokoriegeln mehr Geld ausgeben musst. Oder dass du für das Geld, das du hast, weniger Schokoriegel bekommst. Beides ist nicht so gut.

Dieses Phänomen nennt man Inflation. **Inflation** bedeutet, dass die Preise im Durchschnitt ansteigen und dein Geld dadurch weniger wert ist. Anders ausgedrückt: Das Geld verliert an **Kaufkraft**. Eine Inflation kann verschiedene Ursachen haben. Zum Beispiel eine hohe Nachfrage bei begrenztem Angebot, denn dann steigen die Preise. Oder steigende Produktionskosten, wenn die Rohstoffe oder die Löhne teurer werden.

Wenn die Inflation zu hoch wird, ist das Geld immer weniger wert. Man kann sich dann viele Dinge, die man gerne kaufen würde oder dringend braucht, nicht mehr leisten.

Deshalb versucht die **Zentralbank** die Inflation zu begrenzen, damit der Wert des Geldes nicht fällt und auch damit die Menschen ihr Geld sicher aufbewahren, also sparen, können

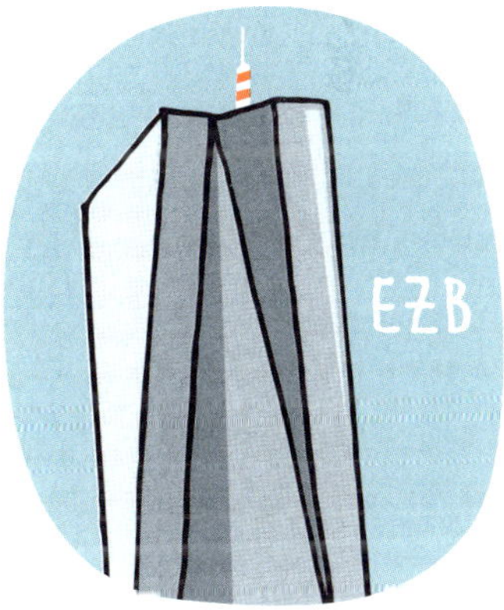

EUROPÄISCHE ZENTRALBANK

Sonderfall Hyperinflation

Hyperinflation ist eine Art von Inflation, die sehr, sehr schnell und extrem ist. Stell dir vor, du hast wieder 10 Euro in deiner Tasche. Aber dieses Mal steigen die Preise so schnell an, dass du in nur einem Tag nur noch 4 Schokoriegel statt ursprünglich 5 Schokoriegel kaufen kannst. Und am nächsten Tag könntest du nur noch 2 Schokoriegel kaufen. Das bedeutet, dass dein Geld nicht nur immer weniger wert, sondern in kürzester Zeit praktisch wertlos ist.

In einer Hyperinflation können die Preise täglich oder sogar stündlich steigen. Wenn das passiert, wird es schwieriger, Dinge zu kaufen und Geld zu sparen, weil dein Geld immer schneller an Wert verliert. Das kann dazu führen, dass das ganze Wirtschaftssystem zusammenbricht.

Hyperinflation ist zum Glück sehr selten, aber wenn sie passiert, ist sie für die Betroffenen tragisch. In Deutschland gab es in den frühen 1920er Jahren eine Hyperinflation (siehe auch S. 142 ff.). Damals war die deutsche Wirtschaft sehr schwach und die Regierung hatte hohe Schulden aus dem Ersten Weltkrieg. Die Regierung hat damals beschlossen, einfach immer mehr Geld zu drucken, um diese Schulden zu bezahlen. Dadurch ist die Geldmenge in Deutschland extrem schnell gestiegen, während die Produktion von Waren und das Angebot an Dienstleistungen nicht so schnell wuchsen. Das Geld verlor deshalb ganz schnell nicht nur an Wert, sondern es konnte auch nicht mehr als Recheneinheit benutzt werden, denn die Preise änderten sich einfach viel zu schnell. Im Mai 1923 kostete ein Kilo Brot 474 Mark, zwei Monate später waren es bereits 2.200 Mark. Doch es kam immer noch schlimmer: Anfang Oktober waren es 14 Millionen Mark, Ende November über 500 Milliarden Mark.

Viele Menschen verloren ihr gesamtes Vermögen und ihre Ersparnisse wurden wertlos. Die Renten und Gehälter der Menschen konnten nicht mehr mit den steigenden Preisen mithalten, was zu großer Armut und Unruhen führte. Die Arbeitslosigkeit stieg ebenfalls stark an, da die Unternehmen Schwierigkeiten hatten, mit den hohen Kosten umzugehen.

DIE SPANNENDE FRAGE: GELD REGIERT DIE WELT – IST DAS SO?

Das ist eine gute Frage. „Geld regiert die Welt“ ist ein Sprichwort, das bedeutet, dass Geld eine sehr wichtige Rolle in der Welt spielt und **man mit Geld viele Dinge erreichen kann.**

Manchmal hat man auch den Eindruck, dass Geld jemanden dazu berechtigt, sich über andere hinwegzusetzen. Das darf nicht sein. Geld kann zwar Macht und Einfluss bringen, aber es bedeutet nicht, dass jemand, der viel Geld hat, das Recht hat, seine eigenen Regeln zu erfinden, andere zu unterdrücken oder zu diskriminieren. Jede und jeder sollte sich nach dem Gesetz richtig verhalten.

Diskriminierung bedeutet, dass Menschen benachteiligt werden, zum Beispiel wegen ihrer Hautfarbe, ihres Geschlechts oder wegen Armut.

Es ist wahr, dass Menschen, die viel Geld haben, in der Lage sind, Dinge zu tun oder Entscheidungen zu treffen, die für andere schwierig oder unmöglich sind. **Aber das bedeutet nicht, dass sie das Recht haben, Gesetze zu missachten.**

Also, um die Frage zu beantworten: Nein, jemand, der viel Geld hat, darf sich nicht über andere hinwegsetzen oder Regeln missachten. Gesetz, Respekt und Würde gelten für alle Menschen gleich, unabhängig von ihrem Reichtum.

WIE WIRD GELD HEUTE HERGESTELLT?

Hast du dich schon einmal gefragt, wie ein Geldschein hergestellt wird? In diesem Kapitel erfährst du, wer Geldscheine drucken darf und was alles getan wird, damit Geld nicht einfach nachgemacht (gefälscht) werden kann.

WER STELLT MÜNZEN UND GELDSCHEINE HER?

Bargeld – das heißt Münzen und Geldscheine (Banknoten) – wird in Europa ausschließlich durch staatliche Institutionen hergestellt. Bei den Geldscheinen sind die **Notenbanken**, in Deutschland also die Deutsche Bundesbank, in Frankreich die Banque de France usw., für den Druck und die Ausgabe zuständig. Die Bundesbank hat aber keine eigene Druckerei, sondern beauftragt Spezialdruckereien damit, Banknoten herzustellen. In Deutschland ist das einmal die Bundesdruckerei in Berlin, aber auch das private Druckunternehmen Giesecke+Devrient in München und Leipzig. Dass diese Druckereien ganz besonders zuverlässig sein müssen und eng überwacht werden, versteht sich von selbst.

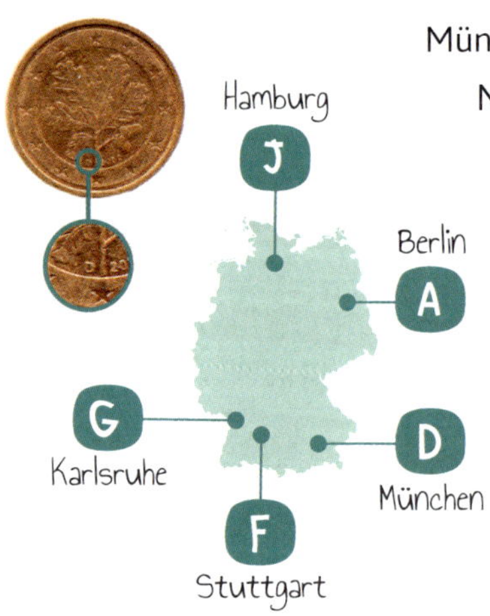

Münzgeld wird – anders als die Banknoten – nicht von den Notenbanken, sondern von den **Finanzministerien** – also der Regierung – hergestellt. Das erfolgt in staatlichen Münzprägeanstalten, die jeweils einen Großbuchstaben als **Münzzeichen** auf die Münzen prägen. Münzen mit dem Münzzeichen A kommen aus Berlin, D steht für München, F für Stuttgart, G für Karlsruhe und J für Hamburg. Früher gab es in Deutschland noch mehr Münzprägeanstalten, deshalb die Lücken in der alphabetischen Bezeichnung.

Da die Herstellung einer Münze oder eines Geldscheins im Normalfall weniger kostet, als der jeweilige Nennwert beträgt, macht der Staat hierbei einen Gewinn, den **Schlagschatz**. Bei den Münzen fließt der Gewinn direkt in den Bundeshaushalt, bei den Geldscheinen trägt er zum Gewinn der Bundesbank bei, der an die Bundesregierung ausgeschüttet wird.

Münzen und Geldscheine werden nur vom Staat oder im Auftrag des Staates von ausgesuchten privaten Unternehmen hergestellt.

KANN MAN MIT BÜCHERN BEZAHLEN?

Neben Münzen und Geldscheinen – dem Bargeld – gibt es auch Geld, das bei den Banken auf Konten liegt. Dieses Geld heißt **Buchgeld**.

Das bedeutet nicht, dass in den Tresoren der Banken Regale mit Büchern stehen. Der Name Buchgeld stammt vielmehr daher, dass die Geldbeträge der einzelnen Besitzer früher in dicken, großen Büchern standen. Änderte sich der Betrag, weil jemand Bargeld abhob oder einzahlte, wurde das in diesen **dicken Büchern** aufgeschrieben.

Heute haben natürlich **Computer** die Rolle der Bücher übernommen. Das ist viel praktischer als das umständliche handschriftliche Führen eines Buches – schneller, billiger und auch weniger fehleranfällig. Der Name Buchgeld ist aber geblieben, niemand spricht von „Computergeld".

Mit Büchern kann man nicht bezahlen – aber mit Geld, das in Büchern steht.

GIRALGELD – HAT DAS MIT GI(E)R ZU TUN?

Ein anderer Begriff, der zu einem Missverständnis führen kann, ist Giralgeld. Das hat natürlich nichts mit Gier zu tun, auch wenn viele – zu viele – Leute ziemlich gierig nach Geld sind.

Das Wort Giralgeld hat vielmehr italienische Wurzeln wie viele andere Begriffe aus der Welt des Geldes. Die Städte in der norditalienischen Lombardei waren im Mittelalter führend im Geld- und Bankwesen und deshalb stammen viele Geldbegriffe aus dem Italienischen.

„Giro" bedeutet in Italien nichts anderes als **„Kreis"** und Giralgeld ist das Geld, das bei den Banken in den Büchern steht und „im Kreis" übertragen wird: A kauft etwas von B und bezahlt durch eine Überweisung an B. B kauft mit diesem Geld etwas von C und überweist C den Kaufpreis. Wenn jetzt C etwas von A kauft und den Kaufpreis an A überweist, **ist das Geld einmal im Kreis gewandert** und wieder bei A angekommen. Dabei hat das Geld nie die Bücher (oder den Computer) der Bank verlassen, es war nur nacheinander auf den Konten von A, B und C verbucht.

Natürlich sind im echten Leben mehr als drei Personen am Geldkreislauf beteiligt. Aber das Prinzip bleibt das gleiche. Geld auf den Girokonten wandert entgegengesetzt zu den Güterströmen in vielen kleinen oder größeren Kreisen.

? DIE SPANNENDE FRAGE: KANNST DU DEIN EIGENES GELD MACHEN?

Der Wert eines Geldscheines ist um ein Vielfaches höher als seine Herstellungskosten. Da könnte man doch auf die Idee kommen, selbst Geld herzustellen, denn es würde sich lohnen. Stell dir vor, du investierst ein paar Cent in

Papier und Tinte und stellst damit deine eigenen 100-Euro-Scheine her. Alle Taschengeldprobleme wären auf einen Schlag gelöst – oder?

Die Sache hat aber nicht nur einen, sondern gleich zwei Haken. **Der erste Haken:** Es funktioniert nicht so einfach, denn das „Privatgeld" wird nicht überall angenommen. Wird einfach ein Stück Papier mit dem Schriftzug „100 Euro" versehen, ist das sofort erkennbar kein normaler Geldschein, sondern eher ein privates Kunstwerk. Das wird man bestenfalls im Familienkreis bei Großeltern, Tanten oder Onkeln los, aber schon nicht mehr im Eiscafé um die Ecke.

Und **der zweite Haken:** Es ist schlichtweg **verboten**, eigenes Geld herzustellen. Die Regierungen und Notenbanken wollen nämlich steuern, wie viel Geld in der Wirtschaft im Umlauf ist. Steigt diese Geldmenge zu stark an, kommt es zu einer Inflation. Und wenn zu viel Falschgeld in Umlauf ist, nimmt vielleicht niemand mehr das Geld an. Dann kann das Geld seine drei Aufga ben – Recheneinheit, Zahlungsmittel und Wertaufbewahrung – nicht mehr erfüllen.

Die Herstellung von echten Geldscheinen ist deshalb sehr kompliziert, denn die Notenbanken arbeiten viele **Sicherheitsmerkmale** in ihre Banknoten ein. Man muss also technisch sehr versiert sein und teure Maschinen haben, um täuschend echtes Falschgeld zu drucken. Das erschwert die Herstellung von Falschgeld.

Und wer es trotzdem versucht, wird hart bestraft. Das deutsche Gesetz sieht für das Herstellen, aber auch die Verwendung von Falschgeld bis zu **fünf Jahre Gefängnis** vor.

> Du kannst zwar dein eigenes Geld herstellen, aber nur theoretisch. In der Praxis ist es sehr teuer und kompliziert. Vor allem aber ist es verboten und wird hart bestraft.

Es lohnt sich, die Sicherheitsmerkmale der Geldscheine zu kennen. Wenn du nämlich aus Versehen Falschgeld bekommst, etwa als Wechselgeld im Laden, darfst du es nicht weiter ausgeben, sonst machst du dich selbst strafbar. Da ist es besser, einmal genauer hinzusehen, wenn sich das Papier seltsam anfühlt, und den falschen Geldschein gar nicht erst anzunehmen. Und wenn du aus Versehen trotzdem einmal Falschgeld angenommen hast, bringst du es am besten gleich zur Polizei.

Gemeinsame Sicherheitsmerkmale aller Banknoten der Europa-Serie

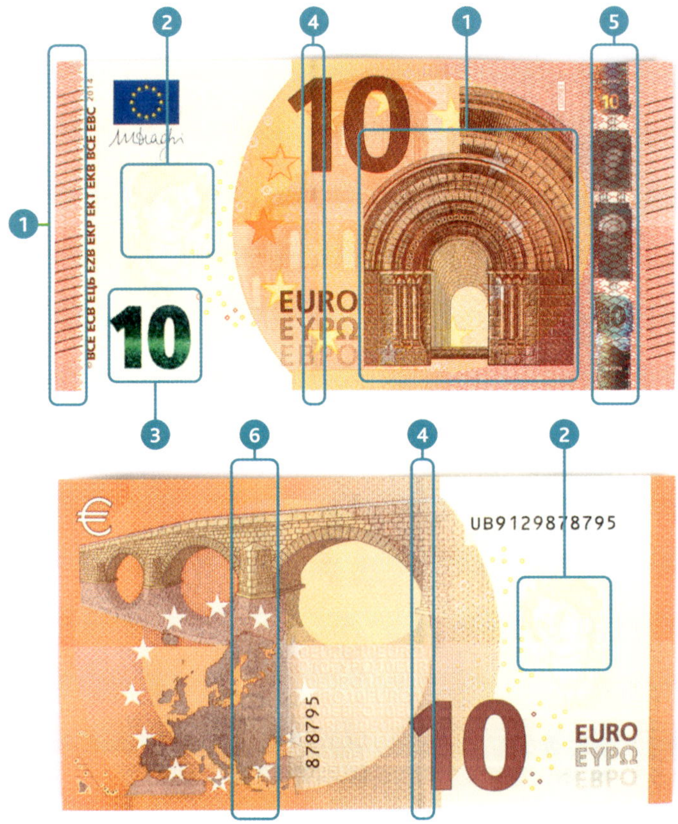

1 Fühlbarer Aufdruck
2 Porträt-Wasserzeichen
3 Smaragdzahl
4 Sicherheitsfaden
5 Porträt-Hologramm
6 Glanzstreifen

WIE BEKOMMST DU GELD?

Sicher hast du Wünsche, die du dir erfüllen möchtest. Dafür ist eigenes Geld praktisch. In diesem Kapitel erfährst du, ob du Anspruch auf Taschengeld hast und welche Geldquellen es sonst noch so für dich gibt. Am besten ist es natürlich, wenn dir jemand Geld schenkt, oder?

HAST DU EIN RECHT AUF TASCHENGELD?

Das Thema Taschengeld ist früher oder später in fast jeder Familie ein Thema. Deine Eltern sind aber nicht gesetzlich verpflichtet, dir eine gewisse Summe Geld zur Verfügung zu stellen. Aus erzieherischer Sicht ist das jedoch durchaus sinnvoll. Denn wenn du ein bestimmtes Budget – also eine feste Summe Geld – wöchentlich oder monatlich zur Verfügung hast, lernst du **mit Geld umzugehen**. Es zum Beispiel nicht am ersten Tag alles auszugeben. Auch wenn das möglich wäre.

Was die richtige **Höhe** angeht, können deine Eltern und du euch an Tabellen orientieren, wie sie etwa vom Jugendamt oder vom Bundesministerium für Familie, Senioren, Frauen und Jugend veröffentlicht werden. Um Kinder mit dem Umgang mit Geld vertraut zu machen, steigt das empfohlene Taschengeld mit dem Alter an. Und ältere Kinder und Jugendliche bekommen meist monatlich eine bestimmte Summe, während jüngere Kinder das Taschengeld eher wöchentlich ausbezahlt bekommen sollen.

Den größten Teil ihres Taschengeldes geben Jungs für Konsolen- und Computer-Games aus, Mädchen für Klamotten, Schuhe, Softdrinks und Kosmetikprodukte. Bücher kaufen knapp 35 Prozent der Mädchen und 19 Prozent der Jungs von ihrem eigenen Geld.

Quelle: www.boersenblatt.net

Studie von 2022 unter 10- bis 14-Jährigen

Fachleute raten dazu, bei Kindergarten- und Grundschulkindern eine wöchentliche Auszahlung vorzusehen, da Kinder erst ab einem Alter von 10 Jahren einen ganzen Monat überblicken und ihr Taschengeld entsprechend einteilen können. Ab 10 Jahren können Kinder besser vorausplanen und üben, mit dem Geld über einen ganzen Monat hinweg zu haushalten. So wird es später, wenn du erwachsen bist, auch der Fall sein.

Deine Eltern können dir das Taschengeld bar in die Hand drücken oder es auf ein Konto einzahlen, von dem du es dann nach Bedarf abheben kannst.

Hier findest du ein **Beispiel für eine Taschengeldempfehlung**. Vielleicht hilft sie dir bei der Verhandlung mit deinen Eltern. Denn ganz wie im späteren Leben ist auch Taschengeld eine Verhandlungssache. Du kannst das sportlich sehen und schon mal für dein Berufsleben üben. Dazu braucht es manchmal auch bei den Eltern gute Argumente.

Taschengeldempfehlung des Bundesministeriums für Familien, Senioren, Frauen und Jugend

Alter	Euro
unter 6 Jahre:	0,50 – 1,00 pro Woche
6 Jahre:	1,00 – 1,50 pro Woche
7 Jahre:	1,50 – 2,00 pro Woche
8 Jahre:	2,00 – 2,50 pro Woche
9 Jahre:	2,50 – 3,00 pro Woche
10 Jahre:	16,00 – 18,50 pro Monat
11 Jahre:	18,50 – 21,00 pro Monat
12 Jahre:	21,00 – 23,50 pro Monat
13 Jahre:	23,50 – 26,00 pro Monat
14 Jahre:	26,00 – 31,00 pro Monat
15 Jahre:	31,00 – 39,00 pro Monat
16 Jahre:	39,00 – 47,00 pro Monat
17 Jahre:	47,00 – 63,00 pro Monat
ab 18 Jahre:	63,00 – 79,00 pro Monat

WELCHE GELDQUELLEN GIBT ES SONST NOCH?

Du kannst auch Geld verdienen, indem du beispielsweise deinen Eltern bei Aufgaben im **Haushalt** hilfst, **Omas Rasen** mähst, **Mamas Auto** wäschst oder indem du einen Job hast, wenn du älter bist. Wie alt du dafür sein musst, erfährst du gleich im nächsten Kapitel.

Ganz grundsätzlich hast du – trotz vieler strenger gesetzlicher Regeln – eine ganze Menge an Möglichkeiten, um dir etwas zum Taschengeld dazuzuverdienen: Du kannst im Supermarkt Regale einräumen, Nachhilfe geben, babysitten, Botengänge übernehmen, den Hund vom Nachbarn ausführen und vieles mehr.

Mit kleinen Jobs können Jugendliche ihr Taschengeld aufbessern – und sich damit ein Stück Unabhängigkeit von den Eltern erwirtschaften. Außerdem lernt man bei solchen Jobs, Verantwortung zu übernehmen.

AB WELCHEM ALTER DARFST DU ARBEITEN UND GELD VERDIENEN?

Gleich zum Start: **Kinderarbeit ist in Deutschland grundsätzlich verboten.** Dafür sorgt das Gesetz. Es schränkt die Beschäftigungsmöglichkeiten für Kinder und Jugendliche stark ein.

Der Gesetzgeber unterscheidet dabei zwischen Kindern und Jugendlichen: Als **Jugendliche** werden 15- bis 18-Jährige eingestuft, alle Jüngeren gelten nach dem Gesetz als **Kinder**. Für vollzeitschulpflichtige Jugendliche gelten laut Jugendarbeitsschutzgesetz die gleichen Bestimmungen wie für Kinder.

Unter der **Vollzeitschulpflicht** ist der Besuch der Grundschule und der weiterführenden Schule zu verstehen. Diese Schulpflicht dauert je nach Bundesland neun oder zehn Jahre.

Allerdings gibt es bei **15- bis 18-jährigen Schülerinnen und Schülern** eine Ausnahme: Ihr dürft euch in den Ferien einen Job suchen. Der Job darf nicht länger als jeweils vier Wochen im Kalenderjahr und ausschließlich in der Ferienzeit ausgeübt werden. Die Arbeit darf nach dem Bundesministerium für Arbeit und Soziales (BMAS) maximal acht Stunden täglich umfassen – also 40 Wochenstunden. Um auf der sicheren Seite zu sein, lassen sich Arbeitgeber von noch schulpflichtigen Ferienjobbern oft eine Einverständniserklärung der Erziehungsberechtigten vorlegen.

Unter **Kinderarbeit** fallen nach der UN-Kinderrechtskonvention Tätigkeiten, die jungen Menschen unter 18 Jahren Schaden zufügen oder sie am Schulbesuch hindern. Eine reguläre Arbeit darf demnach erst ausüben, wer nicht mehr schulpflichtig ist. Die entsprechenden Regeln in Deutschland finden sich im **Jugendarbeitsschutzgesetz** und in der **Kinderarbeitsschutzverordnung**.

13- bis 15-Jährigen ist es erlaubt, einen Job außerhalb der Familie anzunehmen. Wenn du in diese Altersgruppe fällst, brauchst du dazu die Zustimmung deiner Eltern. Du darfst aber nicht unbegrenzt arbeiten. Erlaubt sind in diesem Alter nach §5 Jugendarbeitsschutzgesetz Jobs, die an Werktagen – also montags bis samstags – nicht mehr als zwei Stunden täglich zwischen 8 und 18 Uhr in Anspruch nehmen. Die Arbeitsstunden dürfen zudem nicht vor oder in der Schulzeit liegen. Haben deine Eltern einen landwirtschaftlichen Familienbetrieb? Dann liegt die Grenze höher, nämlich bei drei Stunden am Tag.

WARUM LEIHT DIR JEMAND GELD?

Stell dir vor, du bist mit deiner besten Freundin unterwegs und ihr habt Lust auf einen **Burger**. Du hast aber nicht genug Geld dabei. Da ist es ganz normal, dass dir deine Freundin ein paar Euro leiht. Und natürlich ist es Ehrensache, dass du ihr das Geld möglichst schnell wieder zurückgibst. Dann wird sie dir vertrauen und beim nächsten Mal wieder etwas leihen.

Auch bei einem Kinobesuch oder wenn du dir spontan ein Buch kaufen möchtest, ist das kein Problem. Wenn dich allerdings jemand um größere Beträge bittet, solltest du dir schon sehr sicher sein, dass du dein Geld wiederbekommst.

Wenn du nicht genug Geld hast, um etwas zu kaufen, kannst du es dir von jemand anderem ausleihen. Aber denke daran, dass du das Geld **zurückzahlen** musst, wenn du es dir ausleihst!

Geld verleihen heißt in der Fachsprache **einen Kredit geben**. Banken geben ihren Kundinnen und Kunden einen Kredit, wenn sie das Vertrauen haben, dass diese das Geld wieder zurückzahlen. Dazu überprüfen sie die **Bonität** der Kundschaft. Das deutsche Wort ist Kreditwürdigkeit. Es geht also darum, ob die Kunden und Kundinnen ihre Rückzahlungsverpflichtungen pünktlich (fristgerecht) und vollständig (also in der richtigen Höhe) erledigen werden.

Das Wort **Kredit** leitet sich vom lateinischen Wort *credere* ab, das „glauben" oder „vertrauen" bedeutet. Der Kreditgeber vertraut darauf, dass der Kreditnehmer das geliehene Geld wieder zurückzahlt.

Wenn man sich privat Geld leiht, vor allem, wenn es um kleinere Summen geht, gibt man üblicherweise genau die gleiche Summe zurück, die man sich geliehen hat. Du hast aber bestimmt schon mal von **Zinsen** gehört. Die fallen immer an, wenn du dir von der Bank Geld leihen möchtest. Der Kreditnehmer, also der, der sich das Geld leiht, muss dem Verleiher Zinsen bezahlen. Je länger du dir Geld leihen möchtest, umso höher ist normalerweise der Zins. Wenn die Bank drei Prozent Zinsen verlangt und du dir 200 Euro leihst, musst du der Bank jedes Jahr sechs Euro Zinsen zahlen. Am Ende der Kreditlaufzeit musst du natürlich auch die 200 Euro zurückzahlen, der Fachbegriff hierfür heißt **„tilgen"**.

Zinsen sind der Preis für das Leihen von Geld. Sie werden üblicherweise in Prozent pro Jahr angegeben.

WAS BEDEUTET „LIQUIDE"?

Liquide kommt aus dem Lateinischen und bedeutet wörtlich übersetzt **„flüssig"**.

In der Umgangssprache sagt man manchmal, man ist im Moment nicht liquide. In Zusammenhang mit Gelddingen bedeutet liquide sein, dass jemand Geld hat und seine Rechnungen pünktlich bezahlen kann. Wenn du liquide bist, kannst du dir ein Pausenbrot oder eine Cola kaufen. Damit dir dein Geld bis zum nächsten Taschengeld reicht, musst du planen.

Zur **Liquidität** zählt man das Geld, auf das man schnell zugreifen kann. Dazu zählen Bargeld und Kontoguthaben.

Liquide sein ist aber nicht nur für dich und deine Familie wichtig. Du hast vielleicht schon jemanden sagen hören, eine Firma sei illiquide oder **pleite**. Das bedeutet, die Firma ist nicht mehr in der Lage, ihre Rechnungen zu zahlen. Sie zahlt dann auch keine Löhne mehr und keine Rückzahlungen ihrer Kredite. Man spricht dann von **Zahlungsunfähigkeit**.

? DIE SPANNENDE FRAGE: WAS GARANTIERT DER KINDERGARANTIEBETRAG?

Bis Ende 2024 bekommen alle Eltern in Deutschland Kindergeld. Das wird ab Januar 2025 abgelöst vom sogenannten Kindergarantiebetrag, der ein **Teil der Kindergrundsicherung** ist. Der Kindergarantiebetrag steht allen Eltern unabhängig von der Höhe ihres Einkommens zu.

§ KINDERGRUNDSICHERUNG

Und worin besteht jetzt die Garantie? Sie besteht nicht darin, dass die Kinder garantiert Musterschüler sind und ihren Eltern nur Freude machen (was für dich – die Leserin oder den Leser dieser Zeilen – aber natürlich auch ohne Garantie gilt).

Die Idee der Garantie ist vielmehr, dass der Kindergarantiebetrag zusammen mit den weiteren Teilen der Kindergrundsicherung Kinder (und deren Eltern) vor Armut schützen soll. Der Anspruch besteht grundsätzlich bis zum **18. Geburtstag**. Wenn du danach noch zur Schule gehst, eine Ausbildung oder ein Studium machst, kann er bis zum 25. Lebensjahr verlängert werden. Wenn du dann nicht mehr zu Hause wohnst, geht der Anspruch garantiert auf dich über.

Der Kindergarantiebetrag ist eine **soziale Leistung**, die den Eltern hilft, die zusätzlichen Ausgaben tragen zu können, die für die Versorgung des Kindes ab seiner Geburt und bis zum Erwachsenwerden entstehen. Deine Eltern dürfen selbst entscheiden, wofür sie den Kindergarantiebetrag ausgeben. Sie können davon auch dein Taschengeld bezahlen. Oder einen Teil deiner Kleidung oder das Geld für die Klassenfahrt.

Der Staat hat ein Interesse daran, dass **Kinder** zur Welt kommen. Deshalb unterstützt er mit dem Kindergarantiebetrag deine Eltern. Wenn die Geburtenrate sinkt und immer mehr alte und sehr alte Menschen in einer Gesellschaft leben, fehlen **Arbeitskräfte**. Beispielsweise fehlen im Moment in ganz vielen Bereichen Facharbeiterinnen und Facharbeiter.

Auch die Sozialversicherungen, das sind zum Beispiel die gesetzliche Rentenversicherung, die Arbeitslosenversicherung und die Krankenversicherung, sind darauf angewiesen, dass ausreichend viele junge Menschen einzahlen, damit die Versorgung der älteren Menschen sichergestellt werden kann.

Kindergeld wurde 1954 eingeführt, der **Kindergarantiebetrag** 2025. Für den Staat ist das eine Investition in die Zukunft der Gesellschaft.

WAS KANNST DU MIT DEINEM GELD ALLES MACHEN?

Denkst du öfter darüber nach, wie du Geld verdienen oder geschenkt bekommen könntest? Oder ob du später mal reich bist? Oder beschäftigst du dich mehr damit, was du mit deinem nächsten Geldgeschenk machen wirst? Vielleicht sparen? Oder etwas spenden?

MACHT GELD GLÜCKLICH?

Das ist wieder eine sehr gute Frage. Viele Menschen glauben, dass Geld glücklich macht. Aber es ist nicht so einfach.

Mit Geld kannst du dir Dinge kaufen, die dir Freude bereiten, wie eine Kinokarte, Bücher oder Süßigkeiten. Aber es gibt vieles, was uns glücklich macht und kein Geld kostet: **Zeit mit Freunden** und **Familie** zu verbringen oder draußen zu spielen.

Es ist auch ganz klar, dass du mit Geld nicht alle Probleme lösen kannst. Es kann dir zwar helfen, bestimmte Dinge zu erreichen, aber es schützt dich nicht immer vor schwierigen Situationen.

Das bedeutet umgekehrt nicht, dass Geld unwichtig oder schlecht ist. Es ist wichtig, dass deine Eltern genug Geld haben, um für eure Grundbedürfnisse wie Essen, Kleidung und ein Zuhause zu sorgen. Aber es ist auch wichtig, nie zu vergessen, dass es **viele andere Dinge** gibt, die uns glücklich machen können, die nichts mit Geld zu tun haben.

> Geld kann uns glücklicher machen, wenn wir es klug verwenden, aber es ist **nicht der einzige Weg zum Glück.**

Es gibt dazu sogar die verschiedensten **Studien** und Umfragen. Sie zeigen den Zusammenhang zwischen dem Wohlstand einer Bevölkerung und ihrem Glücksempfinden. **Glück** wird dabei nicht immer gleich definiert. Ein bekanntes Beispiel für eine solche Studie ist der World Happiness Report, der jährlich von den Vereinten Nationen veröffentlicht wird. In diesem Bericht wird das Glücksempfinden von Menschen in über 150 Ländern anhand von verschiedenen Faktoren wie Einkommen, Gemeinschaft, Gesundheit und Lebenserwartung, Freiheit oder auch Korruption bewertet.

Unter dem Begriff **Korruption** versteht man Bestechlichkeit. Wenn man Geld oder andere Vorteile bekommt, um etwas anders zu machen, als es eigentlich richtig wäre, ist man bestechlich.

Die Ergebnisse dieser Studien zeigen, dass es einen gewissen Zusammenhang zwischen Wohlstand und Glücksempfinden gibt. Es wird aber auch deutlich, dass viele andere „Dinge" Menschen glücklich machen, die sie sich nicht kaufen können. Dazu gehören nette Freunde oder das Gefühl, gebraucht zu werden.

Du siehst: **Geld allein macht nicht glücklich**. Manche sehr reiche Menschen sind vielleicht sogar unglücklich und trotz ihres Geldes unzufrieden, weil ihnen anderes fehlt, vor allem, wenn sie einsam sind.

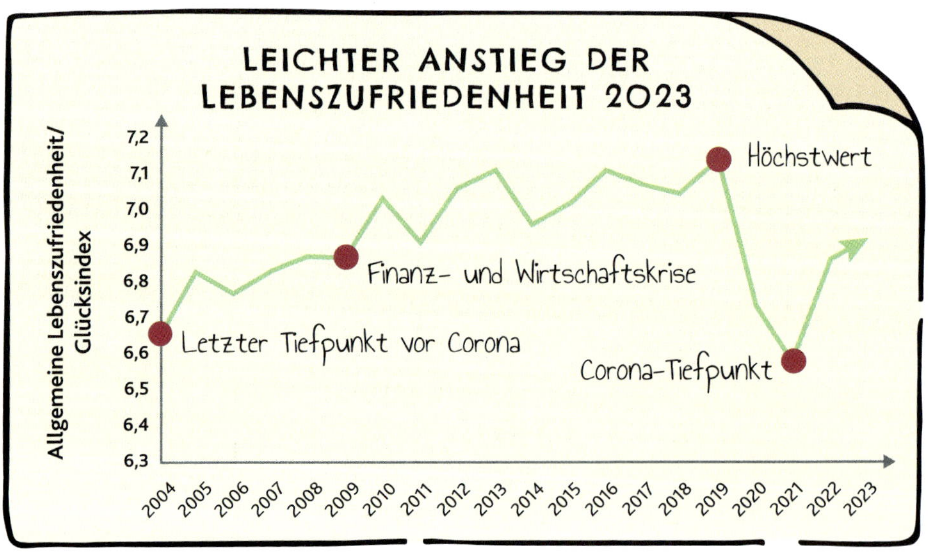

Quelle: skl-gluecksatlas.de

WAS KANNST DU DIR MIT GELD KAUFEN UND WAS NICHT?

Du hast Geld geschenkt bekommen oder dein Taschengeld gespart oder dir ein bisschen was neben der Schule verdient, weil du Nachhilfe gibst. Jetzt möchtest du dir etwas kaufen, was dir Freude bereitet. Hier sind einige Dinge, die du mit Geld kaufen oder machen kannst:

1. Du kannst mit deinem Geld **Dinge kaufen**, die du gerne hättest, wie Spiele, Bücher, Kleidung oder etwas Süßes.
2. Du kannst dein Geld auch an eine Organisation **spenden**, die Bedürftigen hilft, wie zum Beispiel an ein Tierheim oder an eine Wohltätigkeitsorganisation wie Brot für die Welt (BfdW).

Auch wenn du noch nicht unbeschränkt geschäftsfähig, also volljährig, bist, aber mindestens sieben Jahre alt, darfst du etwas kaufen – aber nur von deinem Taschengeld oder mit Geld, das dir zur freien Verfügung geschenkt wurde. Was du ausdrücklich für den Führerschein bekommen hast, darfst du also nicht für Turnschuhe ausgeben. Und deine Eltern müssen einverstanden sein, sonst ist der Kauf unwirksam. Manche Sachen darfst du, solange du nicht volljährig bist, auch gar nicht kaufen, Alkohol oder Zigaretten zum Beispiel.

> Vergiss nicht, dass du dein Geld nur **einmal** ausgeben kannst. Du solltest dich also klug entscheiden, wie du es am besten verwenden möchtest. Denke darüber nach, was dir wirklich wichtig ist und wie du dein Geld sinnvoll einsetzen kannst.

Wichtige „Sachen", die man mit Geld NICHT kaufen kann:

Sinnvolle Beschäftigungen wie Arbeit oder auch andere Aktivitäten, die als sinnvoll und wertvoll empfunden werden, tragen dazu bei, dass Menschen sich glücklicher fühlen.

Gute Beziehungen zu Freunden, Familie, Partnerinnen und Partnern können Menschen sehr glücklich machen.

Das Gefühl, Teil einer Gemeinschaft oder eines sozialen Netzwerks zu sein, kann ebenfalls zum Glück beitragen.

Ein guter körperlicher und geistiger Gesundheitszustand ist oft eng mit dem Glücksempfinden verbunden.

Zeit für sich selbst, Hobbys und Entspannung sind wichtig, um Stress abzubauen und das Wohlbefinden zu steigern.

WAS MACHST DU MIT GELD, DAS DU NICHT AUSGIBST?

Wenn du weniger ausgibst, als du einnimmst, sparst du. **Sparen** kann sinnvoll sein.

Du kannst dein Geld sparen, um später etwas Wertvolleres zu kaufen, das du schon lange haben möchtest, wie zum Beispiel ein Fahrrad oder eine Spielekonsole.

Wie du das gesparte (also das nicht ausgegebene) Geld bis zum Kauf des Fahrrads möglichst sicher und sinnvoll anlegst, ist eine andere Frage.

11,1 % ihres Einkommens haben deutsche Haushalte im Jahr 2022 durchschnittlich gespart.

DIE SPANNENDE FRAGE: SOLLTEST DU GELD IM GARTEN VERBUDDELN?

Zuerst wäre die Frage zu klären, warum du überhaupt Geld im Garten vergraben solltest. Die meisten Menschen, die Geld vergraben haben, wollten es verstecken. Du hast bestimmt schon gehört oder gelesen, dass beim Ausheben einer Baugrube **eine Kiste Geld** gefunden wurde. Und wer hat nicht schon einmal davon geträumt, so eine vergessene Kiste zu finden?

Was wären denn die **Vorteile**, sein Geld im Garten zu verbuddeln und zu verstecken? Als Aufbewahrungsort ist so eine Kiste Geld im Garten besser geeignet als im Haus. Denn Einbrecher machen sich bestimmt nicht die Mühe, den ganzen Garten umzugraben. Niemand außer dir selbst weiß etwas von diesem Geld. Außerdem könnte es eine Art von Notreserve sein. So haben das manche Menschen in Kriegszeiten gesehen.

Es gibt aber natürlich auch **Nachteile**. Auf das Geld im Garten bekommst du keine Zinsen oder Dividenden (siehe S. 87 f.). Das Geld liegt möglicherweise über sehr viele Jahre im Geldversteck herum, ohne eine Rendite (siehe S. 69) zu erwirtschaften. Wenn du keinen wirklich wasserdichten und rostfreien Behälter nimmst, kann das Geld durch Feuchtigkeit und grabende Tiere beschädigt oder sogar ganz vernichtet werden. Vergessen werden sollte das Geldversteck natürlich auch nicht. Stell dir vor, deine Eltern verkaufen euer Haus und später fällt dir plötzlich ein, dass du noch eine Kiste mit Ersparnissen im Garten hast, der euch jedoch nicht mehr gehört! Und natürlich kann es auch sein, dass dein Versteck zu auffällig ist und von jemandem gefunden wird. Davon erzählen solltest du sowieso nicht auf jeder Party ...

Ob es sinnvoll ist, sein Geld im Garten zu vergraben oder nicht, muss jede und jeder für sich selbst entscheiden. Alles in allem scheint uns Geld in kleinen Mengen zu Hause gut verwahrt und darüber hinaus in einem Tresor, auf dem Konto oder in einem Schließfach bei der Bank am besten aufbewahrt.

WOZU GIBT ES BANKEN?

Banken haben die vielfältigsten Aufgaben in unserem Wirtschaftssystem. Diese Aufgaben haben alle irgendwie mit Geld zu tun. Und auch du hast sicher schon die eine oder andere Dienstleistung einer Bank in Anspruch genommen.

WAS MACHEN BANKEN?

Banken machen zum Beispiel den **bargeldlosen Zahlungsverkehr** erst möglich. Mit dem Buch- oder Giralgeld, das du auf deinem Bankkonto hast, kannst du größere oder kleinere Beträge überweisen, wenn du etwas kaufen möchtest. Das erspart den Einsatz von Bargeld, das gerade bei größeren Beträgen unpraktisch ist: Du müsstest sonst das Bargeld erst von der Bank abholen (wenn du keine großen Mengen Bargeld zu Hause aufbewahrst), dann musst du aufpassen, dass es nicht verloren geht (oder gar gestohlen wird), beim Bezahlen musst du es sorgfältig zählen und dann muss der Verkäufer es zu einer Bank zurückbringen. Da ist es deutlich einfacher und auch sicherer, wenn du den Kaufbetrag einfach **überweist** (oder mit einer Karte bezahlst, was eine andere Form des bargeldlosen Zahlungsverkehrs ist).

Neben dem bargeldlosen Zahlungsverkehr vergeben die Banken **Kredite**. Das bedeutet, dass sie dir Geld verleihen, mit dem du etwas kaufen kannst, was du sonst nicht bezahlen könntest. Natürlich musst du dieses Geld an die Bank zurückzahlen, oft in regelmäßigen kleinen Beträgen. Die meisten Wohnungen oder Häuser werden auf diese Weise finanziert, aber auch viele Autos oder andere teure Güter. Auch Unternehmen finanzieren ihre Ausgaben für Maschinen oder andere Investitionen häufig durch die Aufnahme eines Kredits, den sie dann aus den Verkaufserlösen zurückzahlen.

Für das Ausleihen des Geldes bekommen die Banken einen Preis, den **Zins**. Du zahlst also etwas mehr an die Bank zurück, als sie dir geliehen hat.

Kleine Erinnerung: Im Wort „Kredit" steckt das lateinische Wort *credere*, was „glauben" oder „vertrauen" bedeutet. Wenn eine Bank dir einen Kredit gibt, vertraut sie darauf, dass du diesen Kredit und die Zinsen an sie zurückzahlen wirst.

Wenn du keinen Kredit brauchst, sondern etwas Geld übrig hast, das du aktuell nicht benötigst, kannst du es bei der Bank auf dein Konto einzahlen. Das nennt man **Einlagengeschäft**, denn in früheren Zeiten wurden die Münzen bei den Banken in eine Truhe hineingelegt. Diese Einlagen sind die Grundlage für die Kredite, die die Banken an andere Kunden ausgeben können.

Zahlungsverkehr, Einlagen- und Kreditgeschäft sind nicht die einzigen Bereiche, in denen Banken aktiv sind. Wir werden später noch weitere Aufgaben von Banken kennenlernen, vor allem bei den verschiedenen Möglichkeiten, Geld anzulegen.

KANNST DU EINE BANK GRÜNDEN?

Die erfreuliche Nachricht: Auch du kannst eine Bank gründen, Einlagen annehmen und Kredite vergeben.

Aber: Bevor du jetzt eine Menge Mühe und Arbeit in deine Bank steckst, musst du überlegen, ob du alle notwendigen Voraussetzungen erfüllst. Da Banken mit dem Geld anderer Leute – nämlich dem ihrer Kundinnen und Kunden – umgehen, müssen sie besonders zuverlässig sein. Das Kreditwesengesetz regelt deshalb sehr genau, was zum Betrieb einer Bank alles notwendig ist.

Als Erstes musst du natürlich **geschäftsfähig** sein, also volljährig. Daneben musst du als Geschäftsleiter einer Bank persönlich und fachlich geeignet sein, eine Bank zu führen. Ob das der Fall ist, prüft die Bankenaufsichtsbehörde (die Bundesanstalt für Finanzdienstleistungsaufsicht, abgekürzt **BaFin**) sehr intensiv. Du müsstest über viele Kenntnisse und Fähigkeiten in Bankwesen und Unternehmensführung verfügen und mindestens drei Jahre bei einer anderen Bank als Führungskraft gearbeitet haben.

Und der Betrieb einer Bank erfordert schließlich viele Vorkehrungen gegen alle möglichen Probleme. Diese Vorkehrungen lassen sich unter dem großen Begriff **Risikomanagement** zusammenfassen. Es soll vermieden werden, dass die Geschäftsleitung einer Bank große Risiken eingeht, zum Beispiel durch die leichtsinnige Vergabe von Krediten, und damit das Geld ihrer Kundschaft gefährdet. Dies alles ist teuer, weil viele gut ausgebildete Mitarbeitende bezahlt werden müssen. Du brauchst also eine ansehnliche Summe als Startkapital, bevor du eine Bank eröffnest.

Kurz und gut: Du kannst grundsätzlich eine eigene Bank gründen, aber durch die hohen gesetzlichen Anforderungen ist das für einen einzelnen Menschen sehr schwierig, ja fast unmöglich. Du solltest dich übrigens auch nicht darauf verlassen, dass die BaFin die heimliche Gründung einer Bank nicht entdeckt. Sie verbietet regelmäßig das Betreiben von Bankgeschäften, meist die Entgegennahme von Einlagen, durch Nichtbanken und schützt damit nicht nur die Kundinnen und Kunden, sondern auch das Vertrauen aller Menschen in das Bankensystem.

WO LAGERN BANKEN DAS GANZE GELD?

Früher lagerten im **Tresor** einer Bank die **Gold-** und **Silbermünzen**, die die Kunden dort eingelegt hatten. Für diese Einlage erhielten sie eine Quittung – die Urform einer Banknote. Gegen Vorlage einer solchen Quittung konnte man dann wieder Münzen abholen – erst nur bei der Bank, bei der die ursprüngliche Einlage erfolgte, später auch bei anderen Banken. Die Banken verrechneten die eingelegten und abgeholten Münzen dann untereinander. Das verminderte den Bedarf an Münzmetall, das wirklich bewegt werden musste. Alle außer den Räuberbanden im Lande, die die Postkutschen überfallen wollten, fanden das gut.

Als später das **Papiergeld** die Münzen ergänzte, lagerten in den Tresoren der Banken auch Geldscheine. Das zog natürlich das Interesse von weniger ehrlichen Zeitgenossen auf sich. Nicht nur die Panzerknacker AG in Entenhausen versuchte, an das Geld bei den Banken zu kommen. Es kam zu einem Wettlauf zwischen immer dickeren Tresoren und immer ausgeklügelteren Methoden, sie trotzdem zu knacken.

Aktuell stellen Münzen und Geldscheine nur noch einen kleinen Anteil an der gesamten Geldmenge dar. Das weitaus meiste Geld existiert als **Buch-** oder **Giralgeld**, also als reiner Computereintrag. Statt Münzen und Banknoten werden Bits und Bytes hin und her geschoben, wobei alle Banken direkt oder über die Bundesbank Kontoverbindungen untereinander haben. Und auch heute versuchen die Nachfahren der Panzerknacker AG noch, auf unehrliche Weise an das Geld anderer Leute zu kommen. Sie knacken dafür aber keine Panzerschränke mehr, sondern **Passwörter**.

> Die **sichere Verwahrung** von Geld ist eine ständige Herausforderung für Banken – zu allen Zeiten.

KANN EINE BANK PLEITEGEHEN?

Die Aufgabe von Banken ist es, mit Geld umzugehen. Da müssten sie doch eigentlich immer Geld haben, oder? Und wer Geld hat, ist nicht pleite – so könnte man meinen. Stimmt das auch?

Leider nicht. Eine Bank kann sehr wohl „pleitegehen" oder – wie es auch heißt – **insolvent** werden, sogar auf zwei verschiedene Weisen.

Das erste Risiko für eine Bank besteht darin, dass **Kredite** nicht zurückgezahlt werden, die die Bank ausgeliehen hat. Zwar prüft die Bank die Kreditwürdigkeit jedes einzelnen Schuldners, aber trotzdem kann der Kredit aus verschiedenen Gründen nicht zurückgezahlt werden. Man spricht dann von einem **„Not leidenden Kredit"**, obwohl ja eher die Bank als der Kredit Not leidet.

Einen gewissen Anteil an Not leidenden Krediten kalkuliert die Bank in die Zinsen ein, die sie für ihre Kredite nimmt. Alle Schuldner zahlen also etwas mehr an Zinsen, damit der Ausfall einiger weniger Schuldner abgedeckt ist. Fällt keiner der Schuldner aus, freut sich die Bank, denn dann kann sie die Zinsen alle behalten und macht einen schönen Gewinn. Fallen einige Schuldner aus, sinkt der Gewinn. Fallen viele Schuldner aus, macht die Bank Verlust statt Gewinn. Fallen zu viele Schuldner aus, dann kann der Verlust so groß werden, dass er das gesamte **Eigenkapital** der Bank aufzehrt. Geht das gesamte Eigenkapital verloren, hat die Bank mehr Schulden, als sie Kredite vergeben hat, sie ist **überschuldet**. Und damit ist sie pleite.

Mit **Eigenkapital** bezeichnet man – vereinfacht – den Teil des Geldbestandes einer Bank, der nicht aus Einlagen von Bankkunden besteht, sondern der Bank selbst gehört (beziehungsweise ihren Eigentümern).

Das zweite Risiko besteht darin, dass zu viele Einleger das Geld, das sie bei einer Bank angelegt haben, **gleichzeitig abheben** wollen. Um sie auszuzahlen, braucht die Bank Bargeld oder ein Giroguthaben bei einer anderen Bank. Hat die Bank von den Einlagen aber zu viele Kredite vergeben, die ja erst viel später zurückgezahlt werden, kann das verbleibende Geld nicht ausreichen, alle abgerufenen Einlagen auszuzahlen. Die Bank ist also **zahlungsunfähig**. Und damit ist sie pleite.

Banken sind aber keine normalen Unternehmen wie zum Beispiel eine Autofabrik oder ein Chemieunternehmen. Wenn ein Automobilhersteller pleitegeht, haben die anderen Automobilhersteller davon eher Vorteile, denn dann müssen die Kunden bei ihnen ihre neuen Autos kaufen. Wenn aber eine Bank pleitegeht, sind auch die anderen Banken gefährdet, denn die Einleger können Angst um ihr Geld bekommen und auch dort ihre Einlagen abziehen. Im Extremfall kommt es zu einem **Bank run**, bei dem alle Kunden zur Bank rennen und ihr Geld abheben wollen. „Rennen" ist hier wörtlich gemeint, denn wer zu spät kommt, bekommt vielleicht nichts mehr.

Weil die Banken für das Funktionieren der Wirtschaft so wichtig sind – du brauchst nur an den bargeldlosen Zahlungsverkehr zu denken –, hat der **Gesetzgeber** für Banken besondere Anforderungen geschaffen. Sie dürfen zum Beispiel nur einen bestimmten Anteil der gesamten Einlagen als Kredite vergeben und die Kredite müssen auf viele Schuldner verteilt werden. Außerdem müssen Banken immer einen Mindestanteil an Bargeld oder Buchgeld parat haben, damit sie zahlungsfähig bleiben.

Und wenn eine Bank trotz dieser Vorschriften in Schwierigkeiten gerät, werden Regierung und Bundesbank alles unternehmen, um sie zu retten, damit es keine Auswirkungen auf andere Banken und damit eine Gefahr für die ganze Wirtschaft gibt. Die Psychologie spielt auch hier eine extrem große Rolle.

DIE SPANNENDE FRAGE: SIND BANKEN REICH?

Nicht jeder, der viel Geld im Portemonnaie oder auf dem Konto hat, ist auch reich. Wenn man genauso hohe Schulden hat, ist man vielmehr arm.

Das Gleiche gilt auch für eine Bank. Sie hat auf der einen Seite ein hohes Vermögen, das aus Guthaben bei anderen Banken oder der Bundesbank besteht oder aus Krediten, die die Bank ausgeliehen hat. Auf der anderen Seite hat die Bank aber selbst Schulden, denn aus ihrer Sicht sind die Einlagen der Kunden nichts anderes als eben

Das Kapital einer Bank kannst du in zwei Spalten ordnen:

Das bezeichnen Fachleute als **Bilanz**.

Wie ist das Kapital angelegt oder wie wird es verwendet?

Wo kommt das Kapital her?

Verwendung des Kapitals	**Herkunft des Kapitals**
· Kredite an Kunden, z. B. für Häuser, Autos, Möbel · Guthaben der Bank bei der Bundesbank · Guthaben der Bank bei anderen Banken	· Einlagen von Kunden, z. B. auf Giro-, Tagesgeld-, Festgeldkonten · Eigenes Vermögen („Eigenkapital") der Banken
Summe: Gesamtkapital	**Summe: Gesamtkapital**

Schulden. Der „Reichtum" einer Bank besteht nun aus dem Überschuss des Vermögens über die Schulden, also aus dem schon erwähnten Eigenkapital.

Die Höhe des **Eigenkapitals** und sein Verhältnis zum **Gesamtvermögen** einer Bank entscheiden, ob eine Bank reich ist oder nicht. Davon abgesehen ist aber die schiere Größe vieler Bankunternehmen, wie sie sich auch in der Größe der Bankgebäude widerspiegelt, beeindruckend.

Eine Bank hat von ihrem Gesamtkapital – das viele Milliarden Euro betragen kann – einen Teil verliehen. Die Kreditkunden kaufen sich davon verschiedene Dinge, die sie sich sonst noch nicht leisten könnten, und zahlen die Kredite dann meistens ratenweise an die Bank zurück. Ein anderer Teil des Kapitals der Bank liegt als Guthaben bei der Bundesbank oder bei anderen Banken. Das siehst du auf der **linken Seite** der „Bilanz".

Auf der **rechten Seite** siehst du, wo das Geld herkommt. Das sind zum Beispiel die Einlagen der Bankkunden auf verschiedenen Konten. Aus der Sicht der Bank sind das Schulden, denn das Geld gehört ja den Kunden. Der Rest gehört der Bank selbst beziehungsweise den Eigentümern der Bank. Das ist das sogenannte Eigenkapital.

Auf beiden Seiten der Bilanz steht unter dem Strich immer die gleiche Summe. Es handelt sich bei beiden Seiten ja auch um das gleiche Kapital – nur anders aufgegliedert.

OHNE KONTO IST ALLES NICHTS?

Wir haben gesehen, was Banken machen – für die ganze Wirtschaft. Aber wichtig ist natürlich auch, was eine Bank ganz praktisch für dich tun kann. Deine wichtigste Verbindung zu deiner Bank ist dein Konto, um das herum Banken verschiedene Dienstleistungen anbieten. Aber was hat es mit dem Konto – ohne das buchstäblich „nichts geht" – auf sich?

WAS IST EIN KONTO?

Zuerst einmal: „Das" Konto gibt es nicht, sondern viele verschiedene Arten von Konten. Sie unterscheiden sich vor allem durch das, was auf ihnen verbucht wird. Gemeinsam ist ihnen, dass auf ihnen etwas verbucht wird.

Die Herkunft des Wortes Konto liegt wie bei vielen Begriffen aus dem Geldbereich im Italienischen: *Conto* bedeutet „Rechnung" und wurzelt selbst wieder im Lateinischen *computus*. Und das kommt uns doch wieder bekannt vor, oder?

Auf einem **Girokonto** zum Beispiel, wie es im bargeldlosen Zahlungsverkehr benutzt wird, werden Geldeingänge und Geldausgänge verbucht (es handelt sich eben um „Buch"-Geld). Die Geldeingänge stammen aus Einzahlungen von Bargeld, Gehaltszahlungen, erhaltenen Zinsen für Geldanlagen (dazu später in diesem Buch mehr) oder anderen möglichen Quellen. Die Geldausgänge kommen zustande aus der Abhebung von Bargeld (wenn du am Geldautomaten einer Bankfiliale Geld ziehst), aus Überweisungen (wenn du eine Rechnung bezahlst), aus Daueraufträgen (wenn deine Eltern an jedem Monatsanfang eine gleich hohe Miete zahlen) oder aus Abbuchungen (wenn du einem Unternehmen oder vielleicht auch dem Finanzamt die Erlaubnis erteilt hast, Geld von deinem Konto abzuziehen).

Jede dieser **Transaktionen** steht im Konto in einer eigenen Zeile. Außerdem steht das Datum der Ein- oder Auszahlung dabei und der Verwendungszweck, damit du siehst, wofür du Geld bekommen oder ausgegeben hast. Man kann sich ja schließlich nicht alles merken …

Eine **Finanztransaktion** ist, wenn Geld von einem Bankkonto zum anderen wandert.

Kontostand am Monatsanfang
+ Einzahlungen
− Ausgaben

= Kontostand am Monatsende

Um deinen **Kontostand** – also die Höhe des Geldbetrags auf dem Girokonto – nachzuvollziehen, brauchst du nur die beiden Grundrechenarten Addition und Subtraktion: Der Kontostand am Monatsanfang plus die Einzahlungen abzüglich der Ausgaben während eines Monats ergibt deinen Kontostand am Monatsende.

WIE ERKENNT MAN SEIN EIGENES KONTO WIEDER?

Damit man weiß, welches Girokonto genau gemeint ist, hat jedes Konto eine eindeutige Nummer. Bei Girokonten ist das die **IBAN-Nummer**, die bei allen Banken im **SEPA-Raum** gleich aufgebaut ist.

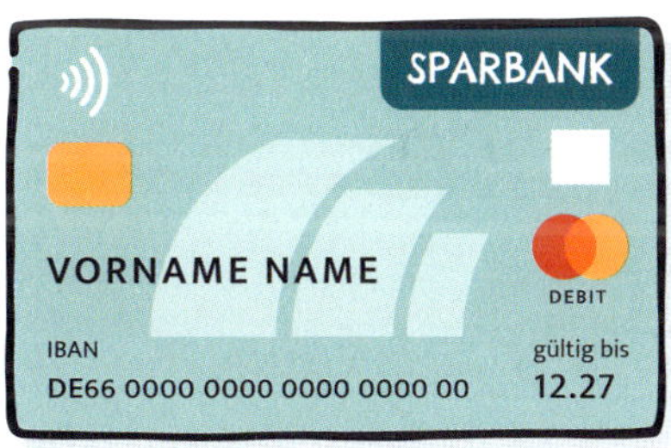

SEPA steht für Single Euro Payments Area, den einheitlichen europäischen Zahlungsraum. 36 Länder beteiligen sich an diesem Zahlungsraum. Grenzüberschreitende Überweisungen wie die Buchung eines Hotels im Ausland werden dadurch stark vereinfacht.

Die IBAN besteht für Konten bei einer deutschen Bank aus der Länderkennung „DE", gefolgt von 20 Ziffern. Das ergibt theoretisch so viele mögliche Kontonummern (**100 Trillionen!**), dass jedes Konto in Deutschland garantiert eine eigene IBAN hat. Verwechslungen sind also ausgeschlossen (wenn du dich nicht vertippst, aber auch da gibt es eingebaute Sicherungen).

Neben dem Girokonto gibt es noch viele **andere Konten** bei den Banken. Es gibt Konten für **Tages- oder Termingeld** (ähnlich wie Girokonten, aber mit einer kleinen Verzinsung) oder Konten, auf denen Wertpapiere verbucht werden (diese nennt man **Depotkonten**). Auch das gute alte **Sparbuch** ist rein banktechnisch ein Konto.

WER KANN EIN KONTO HABEN?

Im Prinzip kann **jeder Mensch** ein Konto haben. Weil ohne ein Konto heute praktisch nichts mehr geht, gibt es sogar ein gesetzliches Recht auf ein Girokonto. Jeder, der in Deutschland oder einem anderen Land der Europäischen Union (EU) lebt, darf bei einer Bank oder Sparkasse ein Girokonto eröffnen und die Bank darf das nicht verweigern. Damit ist sichergestellt, dass auch Menschen in besonders schwierigen Lebensumständen, Obdachlose zum Beispiel, ein Konto haben. Sozialleistungen wie das Bürgergeld werden nämlich nur bargeldlos ausgezahlt.

Dieses Basiskonto oder **Jedermann-Konto** ist ein reines Guthabenkonto. Das bedeutet, dass man insgesamt nicht mehr Geld vom Konto abheben oder überweisen kann, als vorher eingezahlt wurde. Normale **Girokonten** hingegen können überzogen werden, sodass sie vorübergehend einen negativen Kontostand aufweisen. Dann hat der Kontoinhaber kein Guthaben bei seiner Bank, sondern Schulden. Die muss er nicht nur zurückzahlen, sondern auch verzinsen.

Die Beschränkung des Jedermann-Kontos auf ein Guthabenkonto soll verhindern, dass bereits überschuldete Menschen noch mehr Schulden anhäufen.

WAS IST EIN TASCHENGELDKONTO?

Auch als Kind oder Jugendlicher kannst du schon ein Girokonto haben. Bevor du aber das Buch an dieser Stelle weglegst und gleich zur Bank läufst, um ein Konto zu eröffnen: Du brauchst dafür die Zustimmung deiner Eltern.

Ein Konto zu eröffnen, bedeutet erst einmal **Papierkram**. Für ein Kinder- oder Taschengeldkonto gilt das erst recht, denn nicht nur die Eltern müssen ihre Identität nachweisen (das geht noch einfach durch den Personalausweis), sie müssen oft auch die Identität des Kindes oder Jugendlichen nachweisen und dass sie die Eltern sind.

Ein Taschengeldkonto hat verschiedene **Vorteile**. Es ist oft kostenlos oder zumindest kostengünstiger als ein normales Girokonto. Die Banken haben natürlich die Hoffnung, dass du auch zukünftig ihr Kunde bleibst, wenn du volljährig bist. Außerdem kann die Verwendungsmöglichkeit des Taschengeldkontos eingeschränkt werden, indem zum Beispiel die Summe, die an einem Tag abgehoben werden kann, begrenzt wird. Das verhindert, dass das ganze Taschengeld auf einen Schlag ausgegeben wird. Und von den meisten Taschengeldkonten aus kann keine Zahlung per Überweisung erfolgen, wenn die Eltern nicht zustimmen.

Da die Bedingungen für ein Taschengeldkonto bei den verschiedenen Banken sehr unterschiedlich sein können, solltest du gemeinsam mit deinen Eltern sehr genau überlegen, zu welcher Bank ihr geht, und auch genau besprechen, **was das Konto alles können soll**. Je älter du wirst, desto mehr Funktionen können dann freigeschaltet werden.

WAS IST EINE DEBITKARTE?

Wenn du ein Konto hast, hast du mit hoher Wahrscheinlichkeit auch eine Debitkarte. Du kannst sie schon bei einem Taschengeldkonto bekommen. Sie ist sehr praktisch, denn du kannst mit ihr **an jedem Geldautomaten** Bargeld von deinem Konto abheben. Aber Vorsicht: Wenn du das Geld von einem Geldautomaten abhebst, der nicht zu deiner Bankengruppe gehört (also zu der Gruppe der privaten Banken, der Sparkassen oder der Volks- und Raiffeisenbanken), können bei der Bargeldabhebung hohe Gebühren anfallen. Manchmal lohnt es sich also, zum Abheben von Bargeld ein paar Meter zu einem anderen Geldautomaten weiterzugehen ...

Du kannst in den allermeisten **Geschäften** und **Restaurants** auch mit einer Debitkarte statt mit Bargeld bezahlen. Der Kaufbetrag wird dann sofort von deinem Konto abgezogen. Du siehst direkt am nächsten Tag auf dem Online-Kontoauszug, wie viel Geld du ausgegeben hast und wie viel Geld noch auf deinem Konto ist.

Drei von fünf Einkäufen werden mit der **Karte** bezahlt.

WOZU IST EINE KREDITKARTE GUT?

Eine Kreditkarte sieht äußerlich fast genauso aus wie eine Debitkarte. Man kann auch mit einer Kreditkarte in vielen Geschäften und Restaurants bezahlen, aber das Geld wird nicht sofort vom Konto abgebucht, sondern erst nach einigen Wochen. Solange hat der Käufer einen Zahlungsaufschub, also **Kredit**. Da Kinder und Jugendliche nicht einfach so einen Kredit aufnehmen dürfen, werden Kreditkarten nur an Erwachsene ausgegeben.

Man kann mit einer Kreditkarte auch Bargeld bei einem Bankautomaten abheben. Das ist aber meistens mit so hohen Gebühren verbunden, dass man gut überlegen sollte, ob es keine günstigere Alternative gibt.

Viele Kreditkarten bieten aber **zusätzliche Vorteile**. Bei manchen Kreditkarten ist zum Beispiel eine Reiserücktrittsversicherung automatisch dabei, wenn man die Reise mit der Kreditkarte bucht. Oder man kann das Geld, das man auf Kredit ausgegeben hat, in mehreren Monatsraten zurückzahlen. Die genauen Bedingungen und Leistungen sind von Karte zu Karte unterschiedlich. Es lohnt sich deshalb, das Kleingedruckte in den Vertragsbedingungen genau durchzulesen.

Eine Kreditkarte ermöglicht es, **mehr Geld auszugeben, als man aktuell hat**. Für manche Menschen ist das eine große Versuchung. Wer eine Kreditkarte benutzt, weil sie so praktisch ist, sollte deshalb sehr diszipliniert mit seinem Geld umgehen können.

UND WAS IST EIN DEPOT?

Neben dem bargeldlosen Zahlungsverkehr, für den du ein Girokonto brauchst, kannst du bei einer Bank viele andere Dienstleistungen nutzen. Eine sehr wichtige davon ist die Geldanlage und alles, was damit zusammenhängt. Du kannst zum Beispiel mithilfe deiner Bank **Wertpapiere** (siehe S. 82 und 96) kaufen und die Bank verwahrt diese Wertpapiere auch für dich.

Wie beim Geld galt früher auch für Wertpapiere, also Aktien oder Anleihen (siehe S. 82 ff. und 96 ff.), dass die entsprechenden Urkunden im Tresor der Bank verwahrt wurden. Das ist heute durch Computereinträge ersetzt worden. Auch die Wertpapiere, die einem Bankkunden gehören, werden in einem Konto verbucht. Dieses Konto heißt **Depotkonto**.

Aus diesem Konto geht hervor, wie viele Aktien, Anleihen, Investmentfondsanteile oder andere Wertpapiere du als Anleger besitzt. Kaufst du weitere Aktien, werden sie dem Depot hinzugefügt. Verkaufst du Aktien, werden sie aus dem Depot entfernt.

Neben der Zahl der entsprechenden Wertpapiere in deinem Besitz gibt das Depotkonto auch den aktuellen **Wert** der Aktien oder Anleihen wieder. So kannst du jederzeit den aktuellen Wert deines Depots feststellen.

Welche Wertpapiere du alle in einem Depot verwahren kannst, wie du sie auswählst und wie du die beste Kombination von Wertpapieren findest, kannst du weiter hinten in diesem Buch nachlesen (siehe S. 134 ff.).

KANNST DU VON GEBURT AN EIN KONTO UND EIN DEPOT HABEN?

Ein Konto oder ein Depot kannst du ab dem **ersten Tag deines Lebens** haben. Was auf diesen Konten liegt, ist dein Eigentum. In den ersten Jahren werden sich aber deine Eltern für dich um das Konto kümmern müssen, denn du bist ja noch nicht geschäftsfähig. Je älter du wirst, desto mehr Einfluss kannst du auf die Entscheidungen nehmen. Und wenn du volljährig bist, hast du die vollen Rechte. Und die volle Verantwortung …

DIE SPANNENDE FRAGE: IST AUF EINEM PUNKTEKONTO AUCH GELD?

Auf einem Konto kann man vieles haben – auch Punkte. Ob diese Punkte auch Geld sind oder zumindest etwas ähnliches wie Geld, kommt darauf an, was diese Punkte darstellen. Punkte, die du an der Kasse im Supermarkt bei jedem Einkauf sammeln kannst, lassen sich oft in Rabatte umwandeln oder vermindern den Preis, den du beim nächsten Einkauf zahlen musst. Damit sind diese Punkte kein richtiges Geld, lassen sich aber sehr leicht in richtiges Geld umwandeln. Dieses Punktekonto enthält also so etwas wie **„Fast-Geld"** oder **„Beinahe-Geld"**.

Es gibt aber auch Punktekonten, die weniger erfreulich sind. Das Kraftfahrt-Bundesamt in Flensburg führt Punktekonten für **Verkehrssünder**. Wer viel zu schnell oder bei Rot über die Ampel fährt oder wer am Steuer mit dem Handy telefoniert, bekommt hier Punkte, die erst nach ein paar Jahren abgebaut werden. Und wer zu viele Punkte in Flensburg sammelt, muss eine Nachschulung machen oder sogar den Führerschein abgeben. Diese Punkte sind definitiv kein Geld!

WIE LÄSST SICH GELD SPAREN?

Das ist eine Frage, die sich vermutlich sehr viele Menschen stellen. Bevor du darüber nachdenkst, wie du am besten sparen könntest, musst du wissen, wie viel Geld du zum Sparen übrig hast. Starte mit einer Liste, wie viel Geld dir zur Verfügung steht (Taschengeld, Geschenke …) und wofür du regelmäßig Geld ausgibst (Kino, Sport, Kleidung …). Dann bekommst du schnell ein Gefühl dafür, ob und wie viel du sparen kannst.

BRAUCHST DU NOCH EIN SPARSCHWEIN?

Ein Sparschwein kann dir helfen, bewusst Geld zur Seite zu legen und es zu sparen. Du nimmst das Geld aus dem Portemonnaie und steckst es ins Sparschwein. So vermeidest du, dass du es durch Unachtsamkeit ausgibst. Außerdem kannst du schnell überprüfen, welche Fortschritte du beim Sparen machst. Praktisch ist, dass es bei dir **zu Hause** steht und du immer drankommst.

Größere Summen solltest du nicht zu Hause aufbewahren, weil das Geld gestohlen werden kann und weil du keine Zinsen auf das Ersparte bekommst. Du solltest es vielmehr auf ein Konto einzahlen.

Kontoarten

Girokonto

Über das Geld auf dem Girokonto kannst du täglich verfügen. Es dient vor allem zum Bezahlen, wenn du etwas gekauft hast und den Kaufbetrag überweist. Zinsen bekommst du für das Geld auf dem Girokonto fast nie. Aber wenn du dein Girokonto überziehst, das heißt, wenn du mehr Geld ausgibst, als du auf dem Konto hast, musst du Zinsen zahlen. Bis zu einer gewissen Grenze – dem Dispolimit – sind diese Zinsen recht hoch. Wenn du aber noch mehr Schulden auf deinem Konto machst, also auch das Dispolimit unterschreitest, musst du die sogenannten Überziehungszinsen zahlen. Und die Überziehungszinsen sind wirklich sehr hoch ...

Tagesgeldkonto

Auch über das Geld auf einem Tagesgeldkonto kannst du täglich verfügen. Es dient aber zum kurzfristigen Sparen. Im Gegensatz zum Girokonto bekommst du deshalb für das Geld auf dem Tagesgeldkonto Zinsen. Dafür kannst du das Tagesgeldkonto nicht zum Überweisen nutzen, sondern musst bei Bedarf das Geld erst auf dein Girokonto überweisen.

Festgeldkonto (Termingeld)

Beim Festgeldkonto legst du – wie der Name sagt – dein Geld fest an, fest für eine bestimmte Zeit und fest für bestimmte Zinsen. Das kann ein Monat sein, drei Monate, ein halbes Jahr oder auch bis zu zwei Jahre. Vor Ablauf dieser festen Frist kannst du das Geld nicht für etwas anderes verwenden. Dafür bekommst du aber einen etwas höheren Zins als beim Tagesgeldkonto.

WARUM BEKOMMST DU GELD FÜR DEINE ERSPARNISSE?

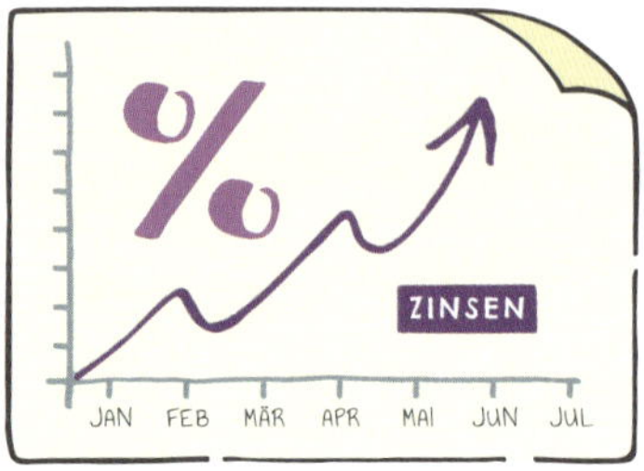

Wer Geld verleiht, hat das Risiko, es nicht mehr zurückzubekommen. Außerdem hat er oder sie es in dieser Zeit nicht selbst zur Verfügung. Warum sollte also jemand Geld verleihen? Gute Frage! Weil es Geld dafür gibt, wenn du dein Geld anderen leihst. **Zinsen sind der Preis für das Leihen von Geld**. Der Zinssatz wird in Prozent angegeben. 2 Prozent Zinsen bedeuten 2 Euro pro Jahr für 100 Euro verliehenes beziehungsweise gespartes Geld.

Denn wenn du dein Geld zum Sparen anlegst, **leihst** du es der Bank (zum Beispiel, wenn du ein Tagesgeldkonto hast) oder einem Unternehmen (zum Beispiel, wenn du in Unternehmensanleihen sparst) oder dem Staat (wenn du Staatsanleihen kaufst). Wenn du es nur kurz verleihst, also nur kurz anlegst, bekommst du normalerweise weniger Zinsen, als wenn du es längerfristig anlegst.

Das Wort **Zinsen** kommt vom lateinischen Wort *census*, das bedeutet „Abgabe".

Sollzinsen, Habenzinsen und Leitzinsen

Sollzinsen zahlst du an die Bank, wenn du von ihr einen Kredit bekommst. **Habenzinsen** bekommst du von der Bank, wenn du dein Geld auf einem Festgeldkonto oder Tagesgeldkonto eingezahlt hast. Die Zinshöhe hängt vom sogenannten **Leitzins** ab. Diesen legt die **Europäische Zentralbank (EZB)** fest. Der Leitzins bestimmt, wie viele Zinsen die Banken bezahlen müssen, wenn sie sich bei der EZB Geld leihen. Deshalb ist der Leitzins auch dafür entscheidend, wie hoch die Zinsen sind, die du für einen Kredit bei deiner Bank zahlen musst (Sollzinsen), oder wie hoch die Zinsen sind, die du von der Bank bekommst (Habenzinsen).

IST SPAREN UND ANLEGEN DAS GLEICHE?

Nein – auch wenn die beiden Begriffe oft mit der gleichen Bedeutung verwendet werden. Wenn du weniger ausgibst, als du einnimmst, hast du am Ende des Monats mehr Geld im Portemonnaie. Oder auf dem Konto. Dann hast du **gespart**.

SPAREN ≠ ANLEGEN

Wenn du dieses gesparte Geld im Portemonnaie oder auf dem Konto lässt oder es im Garten vergräbst oder unter der Matratze versteckst, bewahrst du es einfach nur auf. Bestimmt fallen dir noch mehr sichere Verstecke ein …

Das kannst du natürlich machen, aber dann verzichtest du auf **Rendite**, also auf zusätzliches Einkommen. Rendite bekommst du, wenn du das Geld **anlegst**, indem du zum Beispiel Aktien oder Anleihen kaufst oder das Geld vom Girokonto (wo es keine Zinsen bringt) auf ein Festgeldkonto (wo du Zinsen bekommst) überweist. Anlegen ist also nach dem Sparen eine weitere Aktion. Da beides oft fast gleichzeitig geschieht, ist es auch nicht schlimm, wenn die beiden Begriffe sprachlich vermischt werden – Hauptsache, du weißt, was dahintersteht!

Rendite ist der Ertrag, den angelegtes Geld in einem bestimmten Zeitraum bringt. Rendite wird in der Regel in Prozent pro Jahr angegeben

WELCHE ANLAGEFORMEN GIBT ES UND WELCHE IST DIE BESTE?

Die Zahl der verschiedenen Anlageformen ist fast unendlich. Die wichtigste Unterscheidung ist wahrscheinlich die zwischen **Eigentümer-** und **Gläubigeranlagen**. Bei Eigentümeranlagen erwirbst du Eigentum an deiner Anlage. Wenn du zum Beispiel Aktien kaufst, wirst du Miteigentümer an einem Unternehmen. Bei Gläubigeranlagen gibst du als Gläubiger einem anderen, dem Schuldner, einen Kredit.

Welche Anlageform die beste ist, lässt sich nicht pauschal sagen. Jeder Anleger ist anders und hat andere Bedürfnisse. Deine Eltern werden deshalb ganz andere Anlageformen bevorzugen als du oder deine Geschwister. Es gibt also nicht die beste Anlageform überhaupt, sondern bestenfalls die beste Anlageform für dich (oder für deine Nachbarn oder deine Eltern oder ...).

Und auch, wenn du nur nach der besten Anlageform für dich selbst fragst, müssen wir dich enttäuschen. Manche Anlageformen erzielen etwas mehr Rendite, haben dafür aber auch mehr Risiko. Andere sind ziemlich sicher, aber du bekommst dafür nur geringe Zinsen. Manche kannst du sofort verkaufen und wieder zu Geld machen (hohe Liquidität), bei anderen bist du langfristig gebunden und kannst sie nicht jederzeit in Geld zurücktauschen (niedrige Liquidität).

Du musst also immer die drei Eigenschaften **Rendite**, **Risiko** und **Liquidität** abwägen und ausbalancieren. In den allermeisten Fällen gelingt dir das am besten, wenn du dein Geld nicht in eine einzige Anlage investierst, sondern in eine Mischung verschiedener Anlageformen. Aber dafür musst du ihre Eigenschaften etwas besser kennen. In den folgenden Kapiteln findest du einen Überblick dazu.

KANN ANLEGEN AUCH GEFÄHRLICH SEIN?

Ja, Anlegen kann gefährlich sein. Du gehst immer ein gewisses **Risiko** ein, dein Geld zu verlieren, wenn du es bei einer Bank anlegst, eine Anleihe kaufst oder via Aktie in ein Unternehmen investierst. Aber wenn du dein Geld zu Hause behältst oder im Garten vergräbst, hast du auch das Risiko, dass es verloren geht, gestohlen wird oder durch die Inflation an Wert verliert.

Manche Gefahren oder Risiken beim Anlegen musst du also in Kauf nehmen. Aber es gibt viele Möglichkeiten, die Risiken zu vermindern. Wie das geht, erklären wir später noch ausführlicher.

WER ODER WAS SCHÜTZT BEIM ANLEGEN VOR GEFAHREN?

Beim Schutz deines Vermögens bist du nicht auf dich allein gestellt. Unsere **Rechtsordnung** – die Gesetze – sorgt dafür, dass jede und jeder sich an abgeschlossene Verträge halten muss. Wenn du also einen Kredit vergibst und der Kreditnehmer dir die Zinsen oder die Rückzahlung verweigert, kannst du ihn vor **Gericht** auf die Einhaltung des Kreditvertrages verklagen. Wenn du deinen Anspruch nachweisen kannst, bekommst du dein Geld und der Beklagte muss deine Kosten, zum Beispiel für einen Rechtsbeistand, ebenfalls tragen.

Wer in großem Umfang mit Geldgeschäften aller Art zu tun hat – eine Bank also – oder wer Wertpapiere ausgibt, unterliegt außerdem einer **staatlichen Aufsicht**. Die Bundesanstalt für Finanzdienstleistungsaufsicht – abgekürzt **BaFin** genannt – überwacht Banken, Versicherungsunternehmen und den Wertpapierhandel. Das bedeutet nicht, dass alle von der BaFin überwachten Anlagen auch wirklich absolut sicher und hochrentabel sind. Es

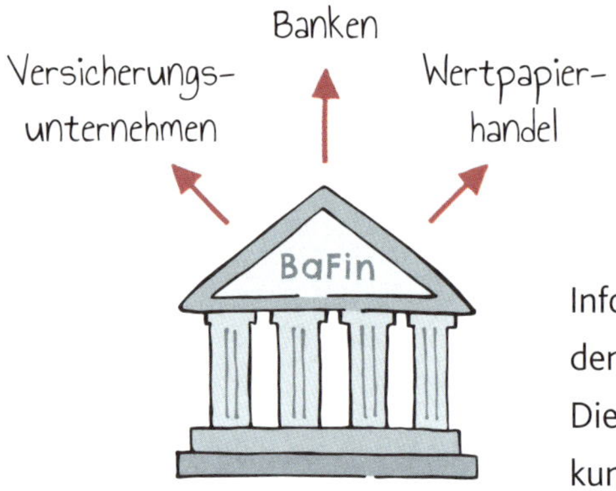

bedeutet aber, dass sie ein Mindestmaß an Anforderungen erfüllen, die dir **Sicherheit** geben. Dazu gehört zum Beispiel, dass bei Wertpapieremissionen viele Informationen veröffentlicht werden müssen, aus denen du dir selbst eine Meinung bilden kannst. Diese Informationen stehen in einem dicken Dokument, dem Wertpapierprospekt. Fehlen diese Informationen, erlaubt die BaFin die Emission gar nicht erst. Und wenn die Informationen im Wertpapierprospekt nachweislich falsch sind, bist du als Anleger auch geschützt und kannst wegen Verletzung der Prospektpflicht klagen.

Bei einer **Wertpapieremission** wird ein Wertpapier – zum Beispiel eine Aktie oder eine Anleihe – erstmals am Markt angeboten. Das ist quasi seine **„Geburt"**.

DIE SPANNENDE FRAGE: WAS IST DIE BESTE ANLAGE ALLER ZEITEN?

Die Antwort darauf hätten wohl viele gern, denn mit der besten Anlage aller Zeiten hätten sie für alle Zeiten genug Geld. Die Sache hat nur einen Haken: „Die" beste Anlage aller Zeiten gibt es nicht. Je nachdem, welche Anlagedauer du betrachtest, liegen andere Anlagen vorn. Der Wert mancher Aktien zum Beispiel kann in wenigen Tagen oder Wochen geradezu explodieren und danach wieder stark fallen. In diesen wenigen Tagen erscheint die Aktie wie die beste Anlage aller Zeiten – danach nicht mehr.

Wenn es wirklich eine „beste Anlage aller Zeiten" gibt, ist es keine Geldanlage. Es ist vielmehr – **Bildung!** Das Lesen eines Buches (oder das Anschauen eines YouTube-Videos) kann sich viel mehr lohnen, als das Buch (oder der Strom für das Tablet) kostet. Welches Buch das ist, weißt du leider nicht im Voraus. Vielleicht ist es **genau das Buch**, das du gerade in den Händen hältst (das würde uns Autoren sehr freuen), vielleicht ein anderes, das dich für eine bestimmte Ausbildung begeistert?

Die beste Anlage aller Zeiten kann aber auch eine großzügige **Spende** sein, die einem anderen Menschen hilft. Geld macht eben manchmal auch glücklich, wenn es einer oder einem anderen zugutekommt.

WIE IST DAS MIT DEM GELD IM AUSLAND?

Wenn du etwas aus dem Ausland kaufst oder Urlaub im Ausland machst, treffen zwei verschiedene Geldsysteme, zwei Währungen, aufeinander. Andere Länder haben normalerweise anderes Geld (das mit dem Euro kommt später!). Damit umzugehen, ist nicht immer einfach, aber auch kein Hexenwerk.

WAS SIND DEVISEN?

Devisen sind alle **Bankguthaben**, die **in einer anderen Währung** als der eigenen geführt werden. Für einen Deutschen oder Österreicher sind Bankguthaben in Schweizer Franken Devisen, für einen Schweizer jedoch nicht. Für ihn sind umgekehrt Guthaben in Euro Devisen.

Das Wort „**Devise**" kommt von dem Lateinischen *divisa*. Es bedeutet „Getrenntes", nämlich vom eigenen Land, von der eigenen Währung getrennt oder unterschieden.

Bei Devisen handelt es sich immer um Buchgeld, also Geld, das auf einem Girokonto liegt. **Ausländisches Bargeld** hingegen heißt in Deutschland „Sorten", in Österreich „Valuten" und in der Schweiz „Noten". Wenn du dich also auf einen Urlaub im Ausland vorbereitest und dir dafür das dort übliche Bargeld – seien es Scheine oder Münzen – bei deiner Bank besorgst, kaufst du keine Devisen, sondern Sorten (oder Valuten oder Noten, je nachdem, wo du wohnst).

WARUM HABEN ANDERE LÄNDER ANDERES GELD?

Geld wird von den Regierungen oder ihren Notenbanken ausgegeben. Da jedes Land seine eigene Regierung hat, hat im Normalfall **auch jedes Land sein eigenes Geld, seine eigene Währung**. Es gibt aber auch den Fall, dass mehrere Länder sich zusammenschließen, um eine gemeinsame Währung auszugeben. Das ist zum Beispiel in Europa mit dem Euro so.

Früher lag das Recht, Münzen zu prägen, beim jeweiligen Landesfürsten oder König. Mit dem Prägen von Münzen konnte der Fürst Gewinn machen, wenn der Metallwert niedriger war als der Nennwert der Münze. Deshalb verzichtete kein Fürst auf sein „Münzregal".

Das führte dazu, dass alle paar Kilometer eine andere Währung gültig sein konnte. Für die Menschen war das eher lästig, nur die Münzwechsler, die daran verdienten, freuten sich natürlich.

Das **Münzregal** hatte nichts mit einem Möbelstück am Fürstenhof zu tun. Vielmehr stammt der Begriff vom lateinischen *regalia*, was „Recht" bedeutet.

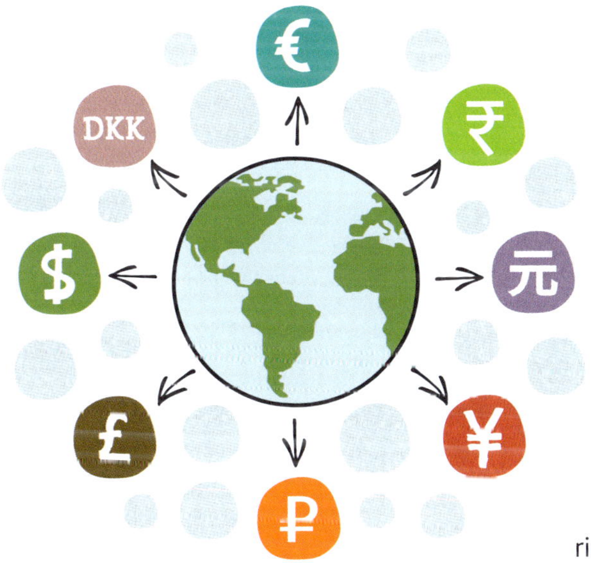

Heute gibt es andere Gründe, warum Länder ihr eigenes Geld haben. Die Geldpolitik ist nämlich ein wichtiger Teil der ganzen Wirtschaftspolitik. Und da sind die Länder gerne unabhängig voneinander: Jede Regierung möchte das machen, was sie für richtig hält. Und das geht nur, wenn man eigenes Geld hat.

WIE KANNST DU SACHEN IN ANDEREN LÄNDERN KAUFEN UND IM URLAUB DORT BEZAHLEN?

Wenn du etwas im Ausland kaufen möchtest, brauchst du normalerweise das dort gültige Geld. In manchen Ländern nimmt man aber auch gerne Euros oder noch lieber US-Dollar, die Währung der Vereinigten Staaten von Amerika.

Du kannst bei einer Bank oder in einer Wechselstube am Flughafen **Bargeld umtauschen** oder am Geldautomaten Geld in der jeweiligen Landeswährung **abheben**. Dann bezahlst du mit Bargeld. Um zu beurteilen, wie teuer eine Ware ist, musst du im Kopf, mit dem Taschenrechner oder einer entsprechenden App in deine Landeswährung, zum Beispiel Euro, umrechnen.

Du kannst aber im Ausland auch mit einer **Kreditkarte** bezahlen. In vielen Ländern ist das sogar üblich, denn dort wird kaum noch Bargeld verwendet. Dann wird der Preis wie bei einem Kauf im eigenen Land später vom Konto abgebucht, und zwar in der Währung deines Landes. Für das Umwechseln nimmt die Bank natürlich eine kleine Gebühr.

Und wenn du etwas im Ausland bestellst, kannst du den Preis durch eine **Überweisung** von Bankkonto zu Bankkonto bezahlen.

Überweisungen ins Ausland können sehr **teuer** werden – viel teurer als Überweisungen im eigenen Land.

WER REGELT DEN UMTAUSCH ZWISCHEN VERSCHIEDENEN WÄHRUNGEN?

Der Tausch zwischen zwei Währungen kann wie der Kauf eines normalen Gutes eine freiwillige Angelegenheit der beiden Beteiligten sein. Wenn du Euro hast und Franken kaufen möchtest, musst du eigentlich nur jemanden finden, der Franken hat und Euro haben möchte. Damit du da nicht lange suchen musst, gehst du am einfachsten zu einer Bank, die beide Geschäfte anbietet. Das ist der gute, anzustrebende Fall: **Der Markt regelt den Umtausch und den Preis einer Währung.**

Manche Länder betreiben aber eine Wirtschaftspolitik, die Devisen knapp werden lässt. Dann nehmen sie ihren Staatsbürgern das Recht, andere Währungen zu kaufen, oder beschränken es auf eine bestimmte Summe. Das ist natürlich eine Beschränkung der Freiheit der Bürger, die das nicht gut finden werden. Sie müssen immer, wenn sie etwas aus dem Ausland kaufen oder ins Ausland verreisen wollen, bei der Zentralbank ihres Landes Devisen beantragen. Der Staat übernimmt hier die Funktion des Marktes, was meistens zu schlechteren Ergebnissen führt.

WIE BERECHNET SICH DER WECHSELKURS ZWISCHEN ZWEI LÄNDERN?

Der Preis einer Währung, ausgedrückt in einer anderen Währung, heißt Wechselkurs. Der Wechselkurs des Schweizer Franken beträgt aktuell zum Beispiel 1,08 Euro. Das bedeutet, du musst für einen Schweizer Franken 1,08 Euro bezahlen. Gestern lag er vielleicht bei 1,10 Euro, war also höher (das heißt noch teurer) als heute. Morgen liegt er vielleicht wieder bei 1,08 Euro, vielleicht aber auch bei 1,07 oder 1,06 Euro. Das heißt: **Der Wechselkurs einer Währung schwankt.**

Was verursacht diese Schwankungen, die für so wichtig gehalten werden, dass über sie in den Wirtschaftszeitungen und auch im Fernsehen

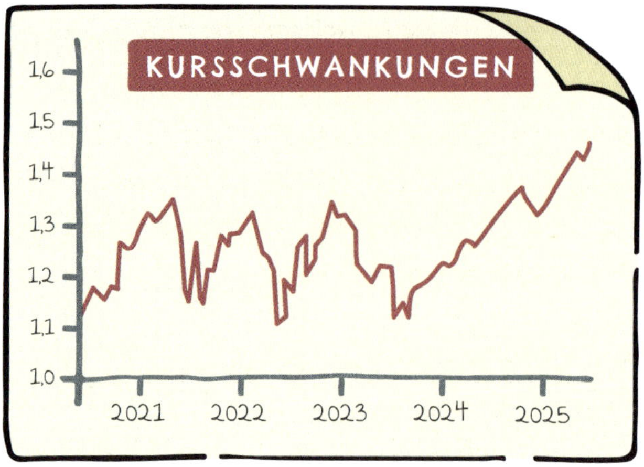

regelmäßig berichtet wird? Erst einmal sind es **die Nachfrage nach und das Angebot an** diesen Währungen, also die gleichen Ursachen für die Preisbildung wie bei anderen Gütern.

Was aber beeinflusst Angebot und Nachfrage nach einer Währung? Hier sind zwei Einflussfaktoren zu unterscheiden: einmal die **Nachfrage nach Gütern aus dem Ausland**. Wenn du etwas aus den USA kaufen möchtest, musst du vorher Dollar kaufen. Wenn außer dir viele andere etwas aus den USA kaufen wollen, müssen viele andere Dollar kaufen – die Nachfrage nach Dollar steigt und damit auch der Wechselkurs.

Der andere Grund sind **Unterschiede in den Zinsen**: Wenn in den USA die Zinsen höher sind als bei dir zu Hause, willst du dein Geld vielleicht dort anlegen. Dafür musst du aber zuerst US-Dollar kaufen. Und wenn außer dir viele andere auf die Idee kommen, ihr Geld in den USA anzulegen, wird die Nachfrage nach Dollar und damit auch deren Wechselkurs steigen.

Dieses System nennt man **flexible Wechselkurse**. Es gibt aber auch das System **fester Wechselkurse**. Dann legen die Regierungen einen bestimmten Wechselkurs fest, zu dem die beiden Währungen miteinander getauscht werden können. Das führt aber früher oder später zu Problemen, denn der festgelegte Wechselkurs ist selten der Wechselkurs, bei dem Angebot und Nachfrage zusammenpassen. Feste Wechselkurse müssen deshalb regelmäßig angepasst werden – so fest sind sie also gar nicht …

WAS IST EINE WÄHRUNGSUNION?

Für alle Käufer und Verkäufer ist es bequemer, wenn die Wechselkurse sich nicht ändern. Dann kann man besser planen und hat weniger Unsicherheit, wie viel man wirklich für einen Kauf im Ausland bezahlen muss.

Deshalb kamen Politiker und Politikerinnen schon mehrmals in der Geschichte auf die Idee, dass mehrere Länder sich zu einer Währungsunion zusammenschließen. Das bedeutet, dass die Wechselkurse zwischen den verschiedenen Währungen festgeschrieben werden und eine gemeinsame neue Währung eingeführt wird. Dann gilt im gesamten Gebiet der Währungsunion – über mehrere Länder hinweg – **das gleiche Geld**.

Nicht alle Währungsunionen in der Geschichte waren erfolgreich. Wenn jedes Land weiter eine unabhängige Wirtschaftspolitik betreibt, kann eine Währungsunion auch wieder auseinanderbrechen. Leider kam es auch schon durch **Krieg** zwischen den beteiligten Ländern zum **Ende von Währungsunionen**.

DER EURO UND WAS DU DARÜBER WISSEN MUSST

Auch der Euro ist eine Währungsunion. Seit 1999 ist er in vielen (aber nicht in allen) Ländern der Europäischen Union (EU) das offizielle Geld. **Aktuell gilt der Euro in 20 von 27 EU-Staaten.** Diese Länder bilden die **Eurozone**. Weitere Länder der EU werden den Euro übernehmen, sobald sie bestimmte Bedingungen erfüllen.

Deutschland und Österreich machten von Anfang an beim Euro mit. Aus 1,95583 Deutschen Mark wurde im Jahr 1999 ein Euro, ebenso aus 13,7603 Österreichischen Schillingen. Die Schweiz hingegen, die kein Mitglied der Europäischen Union ist, nutzt weiter den Franken als Währung.

Im Jahr 1999 wurden 1,95583 Deutsche Mark → **1 Euro.**

Der wichtigste Vorteil des Euro ist, dass jetzt in allen Ländern der Eurozone die Preise im gleichen Geld ausgedrückt werden. Das erleichtert den Vergleich der Preise und den Handel über die Grenzen hinweg. Der Handel zwischen den Ländern der Eurozone ist deshalb sehr stark gestiegen.

Auch die **Fahrt in den Urlaub** ist viel bequemer geworden, denn es gibt jetzt für jedes Euroland 19 andere Länder, in denen du Ferien machen kannst, ohne Geld umtauschen zu müssen. Da jeder Umtausch von einer Währung in eine andere Währung Gebühren kostet, spart man durch den Euro schon einiges an Geld, was man am Urlaubsort besser für sich selbst ausgeben kann – zum Beispiel für ein **Extraeis**.

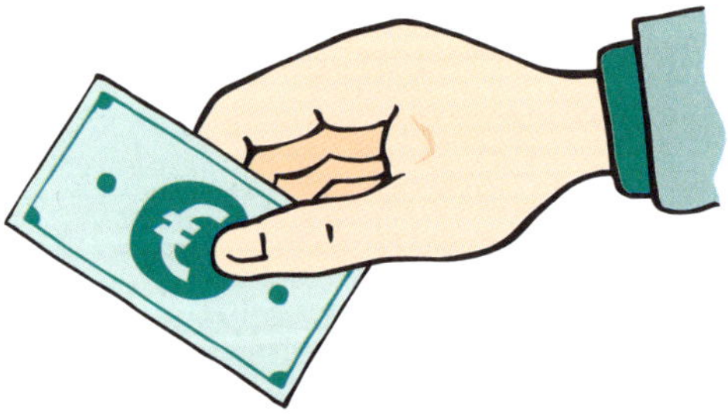

DIE SPANNENDE FRAGE: KANN DER EURO AUCH IN ANDEREN LÄNDERN ZUR WÄHRUNG WERDEN?

Politikerinnen und Politiker in der Europäischen Union wollen, dass der Euro überall in der EU das gebräuchliche Geld ist. Das soll nicht nur wirtschaftliche Vorteile bringen, sondern auch das Gemeinschaftsgefühl der Europäer steigern. Früher oder später sollen also auch Bulgarien, Polen, Rumänien, Schweden, Tschechien und Ungarn den Euro übernehmen. Für Dänemark gibt es eine Ausnahmeregelung, weil die Bevölkerung sich in einer Volksabstimmung mehrheitlich gegen den Euro ausgesprochen hat. Eine neue Volksabstimmung kann das natürlich wieder ändern.

Bereits jetzt nutzen schon weitere Länder den Euro. Das sind zum Beispiel die Kleinstaaten **Andorra**, **Monaco** und **San Marino**, aber auch der Papst und die Kardinäle im **Vatikan** zahlen mit Euro. Einige südosteuropäische Länder wie die Republik **Kosovo** und **Montenegro** nutzen ebenfalls den Euro.

Bosnien und Herzegowina hat vor der Einführung des Euro seine Währung an die Deutsche Mark gekoppelt und sie „Konvertibilna Marka" (KM) genannt. Dabei ist es auch nach Einführung des Euro geblieben, sodass du heute in Bosnien und Herzegowina für einen Euro offiziell 1,95583 KM bekommst. Aber auch der Euro selbst wird dort gern genommen – der Einfachheit halber zum Wechselkurs 1 zu 2 statt 1 zu 1,95583.

Die Zukunft des Euro scheint also gesichert. Immer mehr Länder werden ihn als offizielle oder inoffizielle Währung übernehmen, wenn die Länder der Eurozone es schaffen, ihre Wirtschaftspolitik einander anzugleichen.

WAS IST EINE AKTIE?

Aktien sind eine besondere Art von Wertpapieren. Der Begriff „Wertpapier" sagt schon, worum es sich handelt: ein Papier, das etwas wert ist oder, anders ausgedrückt, das einen Wert repräsentiert. Welcher „Wert" das ist, erfährst du in diesem Kapitel.

SIND AKTIONÄRE EIGENTÜMER EINES UNTERNEHMENS?

Eine **Aktie** stellt einen Teil eines Unternehmens dar. Alle Aktionäre eines Unternehmens gemeinsam sind die Eigentümer des Unternehmens – jeder Aktionär entsprechend der Zahl der Aktien, die er besitzt. Dabei ist „Teil eines Unternehmens" natürlich nicht wörtlich zu verstehen: Der Besitz einer einzelnen Aktie gibt dir nicht das Recht auf einen bestimmten **Schreibtisch** oder eine bestimmte **Maschine** im Unternehmen. Vielmehr gehört dir als Aktionär, wenn du eine von 1.000 ausgegebenen Aktien besitzt, eben ein **Tausendstel von allem**. Das bedeutet: Dir steht auch ein **Tausendstel vom Gewinn** des Unternehmens zu – wenn das Unternehmen einen Gewinn macht.

Die zweite große Gruppe von Wertpapieren sind Anleihen oder festverzinsliche Wertpapiere. Wenn du eine **Anleihe** eines Unternehmens kaufst, wirst du dadurch nicht zu einem Besitzer oder Eigentümer des Unternehmens wie der Aktionär. Du wirst vielmehr zu einem Kreditgeber oder **Gläubiger** des Unternehmens. Das ist der Unterschied zwischen Aktien und Anleihen: Als Aktionär bist du Miteigentümer, als Anleihebesitzer hast du dem Unternehmen einen Kredit gegeben, also Geld geliehen. Und dieser Unterschied ist alles andere als belanglos, wie wir noch sehen werden!

WARUM GIBT EIN UNTERNEHMEN AKTIEN AUS?

Warum gibt es überhaupt Aktien? Der Grund ist ganz einfach: Unternehmen brauchen **Kapital**, also Geld, bevor sie überhaupt irgendetwas produzieren können.

Wenn du zum Beispiel ein Unternehmen gründen und Autos bauen möchtest, brauchst du erst einmal eine Fabrik, mindestens aber eine Werkstatt. Du brauchst Metall und Kunststoffe, aus denen die Einzelteile der Autos gebaut werden. Du brauchst Werkzeuge, um die Metall- und Kunststoffteile zu bearbeiten. Du brauchst Fachkräfte, die diese Arbeit erledigen. Du brauchst weitere Mitarbeiter, die für den Einkauf der Vorprodukte sorgen, für deren Transport und Lagerung, für das rechtzeitige Bezahlen der Löhne, für die Sicherheit in der Fabrik und vieles mehr. Und schließlich brauchst du Mitarbeiter, die für die Werbung und den Verkauf der Autos sorgen. Und erst, wenn du ein Auto verkauft hast, fließt Geld aus den Verkaufserlösen an dein Unternehmen.

Bevor du den ersten echten Euro durch einen Verkauf verdienst, muss dein Unternehmen also viel Geld ausgeben. Woher bekommst du dieses Geld – in diesem Fall kann man auch sagen: Woher bekommst du dieses Kapital?

Hier kommt die Aktie ins Spiel. Wenn du eine clevere Geschäftsidee hast, aber nicht das nötige Geld, diese Idee zu verwirklichen, kannst du eine **Aktiengesellschaft** (AG) gründen und Aktien ausgeben. Die Käufer dieser Aktien stellen dir dann Kapital zur Verfügung, mit dem du die nötigen Fachkräfte und Maschinen bezahlen kannst. Dafür werden sie Miteigentümer deines Unternehmens und damit haben sie bestimmte Rechte. Sie dürfen über viele wichtige Fragen mitentscheiden, du musst sie über die Entwicklung des Unternehmens informieren und vor allem: Sie haben das Recht auf einen Teil des **Gewinns**, den das Unternehmen macht.

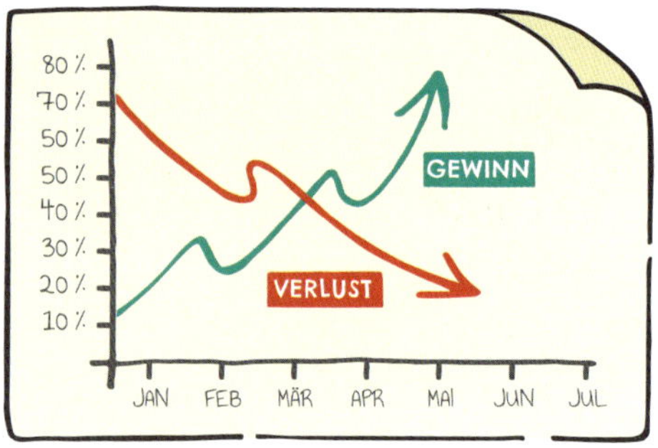

Wenn deine Geschäftsidee jedoch weniger clever war, kann dein Unternehmen aber auch einen **Verlust** machen. Ein hoher Gewinn ist keinesfalls garantiert. Deshalb ist jede unternehmerische Betätigung – auch der Kauf einer Aktie – mit einem gewissen Risiko verbunden. Dieses Risiko tragen die Eigentümer, also die Aktionäre.

Der Chance auf einen hohen Gewinn steht damit die Möglichkeit eines hohen Verlustes gegenüber. Das musst du wissen, wenn du Geld in Aktien anlegen willst. Zum Glück gibt es einige einfache, aber sehr wirksame Methoden, dieses Risiko zu vermindern – auch dazu kommen wir später.

Warum ist die Aktie wichtig?

Ohne die Möglichkeit, Unternehmen durch Aktien zu finanzieren, gäbe es viel weniger technischen und wirtschaftlichen Fortschritt. Unser ganzer Lebensstandard – unser „Wohlstand" – hängt auch davon ab, dass die Unternehmen genug Kapital finden, um in Forschung und Entwicklung, aber auch in Ausbildung ihrer Mitarbeiter und neue Maschinen zu investieren.

Natürlich gibt es auch andere Möglichkeiten, ein Unternehmen zu finanzieren. Nicht jedes Unternehmen ist eine Aktiengesellschaft. Es gibt auch Einzelunternehmen, Kommanditgesellschaften, Gesellschaften mit beschränkter Haftung (GmbH) und vieles mehr. Die Aktiengesellschaft ist aber die einfachste Möglichkeit, viele Kapitalgeber zusammenzuführen. Für große Unternehmen ist sie deshalb die am meisten genutzte Rechtsform. Zugleich ist sie die Rechtsform, die es auch dem Sparer mit kleinem Geldbeutel am einfachsten macht, sich an einem Unternehmen zu beteiligen und die damit verbundenen Gewinnchancen zu nutzen.

WER HAT DIE AKTIE ERFUNDEN UND WARUM?

Der Erfinder der Aktie hätte einen **dicken Orden** verdient für diese Idee, so genial ist sie. Doch „den" Erfinder gibt es nicht. Vielmehr entwickelte sich das Prinzip der Aktie im Laufe vieler Jahrhunderte.

Dieses Prinzip ist sehr einfach: Eine große, wahrscheinlich Erfolg versprechende, aber zu Beginn riskante Investition wird in **viele kleine Stücke** zerlegt. Viele Anleger kaufen jeweils eines (oder mehrere) dieser Stücke. Damit verteilt sich das Risiko auf viele Schultern, nicht einer alleine muss es tragen. Zugleich kann ein Anleger in viele verschiedene Projekte investieren und damit sein Risiko auf viele Unternehmen verteilen. Dieses Prinzip der **Streuung** (oder „Diversifikation") ist genial – und wie die meisten genialen Dinge sehr einfach.

Schon im alten Rom wurden **Handelsschiffe** von mehreren Menschen gemeinsam finanziert und auf die riskante Reise geschickt. Auch die mittelalterliche Handelsschifffahrt in der Nord- und Ostsee funktionierte so. Andere Großprojekte waren **Bergwerke**, die von einem Investor alleine nicht finanziert werden konnten. Die Anteile an Bergwerken hießen allerdings nicht Aktien, sondern „Kuxe" – zum Teil bis ins 20. Jahrhundert hinein.

Ein entscheidender Schritt in der Aktiengeschichte fand im Jahr 1602 statt. Damals wurden Aktien das erste Mal an einer Börse gehandelt: Die Vereenigde Oostindische Compagnie gab Aktien aus, die an der **Amsterdamer Börse** gehandelt wurden. Deshalb wird das Jahr 1602 oft als das „Geburtsjahr der Aktie" bezeichnet. Aber sowohl Aktien als auch Börsen gab es schon früher – nur nicht zusammen ...

AKTIEN KAUFEN – WIE FUNKTIONIERT DAS?

Eine Aktie zu kaufen, ist heute ganz einfach. Wenn du dich entschieden hast, dich an einem Unternehmen zu beteiligen, das als Aktiengesellschaft organisiert ist und dessen Aktien an der Börse gehandelt werden (zur Börse kommen wir noch!), erteilst du deiner Bank einen **Kaufauftrag**. Banken führen nämlich nicht nur normale Girokonten, sondern sind auch wichtige Dienstleister im Wertpapiergeschäft.

Kaufmöglichkeiten einer Aktie

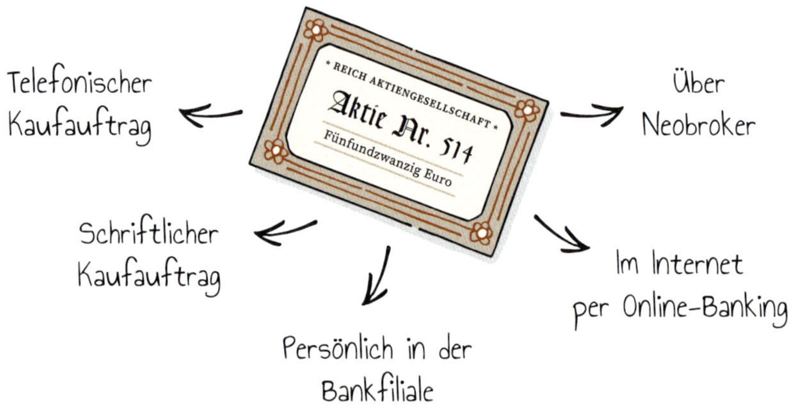

Vorher – oder spätestens beim ersten Kauf einer Aktie – hast du bei einer Bank deines Vertrauens ein **Depotkonto** eröffnet. In diesem Konto wird verbucht, wie viele Aktien von welchen Unternehmen du gekauft hast. In diesem Konto kannst du auch jederzeit nachsehen, was deine Aktien gerade an der Börse kosten, zu welchem Preis sie also dort gehandelt werden. Das setzt wie alle Wertpapiergeschäfte natürlich voraus, dass du volljährig bist oder dass deine Eltern einverstanden sind.

Deinen Kaufauftrag kannst du auf verschiedene Weisen erteilen. Vor wenigen Jahrzehnten waren telefonische oder sogar schriftliche Kaufaufträge an den Anlageberater der Bank der übliche Weg. Oder man ging persönlich in die Bankfiliale und erteilte seinen Auftrag. Das ist natürlich ziemlich umständlich (damals ging es nicht einfacher – es war einfach die Zeit vor dem Internet). Heute kannst du im Internet per **Online-Banking** Kaufaufträge erteilen, entweder bei einer der bekannten Banken oder Sparkassen oder über sogenannte **Neobroker**. Das geht jederzeit und überall vom Handy aus – bequemer kannst du es nicht haben!

Egal, auf welchem Weg du deinen Kaufauftrag erteilst (oder später auch Verkaufsaufträge) – du beauftragst immer eine Bank mit der Ausführung. Nur Unternehmen, die eine Lizenz als Bank oder Wertpapierdienstleister haben, dürfen Aktiengeschäfte für dich ausführen. Das dient der Sicherheit, damit niemand mit deinem Geld abhaut oder es anders verwendet, als du es willst.

WAS IST DIE DIVIDENDE?

Ist der Gewinn deines Aktien-Unternehmens (deiner AG) hoch, weil deine Geschäftsidee wirklich richtig clever war, dann entfällt auf jeden einzelnen Aktionär auch ein hoher **Gewinn**. Diesen Gewinn kannst du an die Aktionäre auszahlen, das nennt man **Dividende**. Du kannst den Gewinn aber auch im Unternehmen behalten und für Forschung oder neue Maschinen ausgeben, das nennt man **Thesaurierung**. Dann wächst dein Unternehmen und macht in Zukunft (hoffentlich) einen noch höheren Gewinn.

Die Entscheidung, wie viel Gewinn ausgeschüttet wird und wie viel im Unternehmen bleibt, treffen die Aktionäre in der Hauptversammlung. Dort hat jede Aktie eine Stimme. Je mehr Aktien du als Aktionär besitzt, desto mehr Stimmen hast du also.

Aus Sicht des Aktionärs ist die Dividende zunächst einmal sehr erfreulich, denn sie bedeutet einen Geldzufluss auf dem Girokonto. Dieses Geld fehlt nun aber auf dem Girokonto des Unternehmens, sodass es etwas weniger wert ist. Der Kurs einer Aktie an der Börse sinkt deshalb immer ein wenig, wenn die Dividende ausgezahlt wird.

Was besser ist, die Ausschüttung einer Dividende oder die Investition des Geldes in neue Maschinen im Unternehmen, kommt auf den **Einzelfall** an. Je stärker ein Unternehmen noch wächst, desto geringer wird die Dividende ausfallen. Das ist dann aber nicht schlecht, sondern gut für den Aktionär, weil der künftige Gewinn (und damit auch die künftige Dividende) wahrscheinlich höher ausfällt.

WELCHE RECHTE (UND PFLICHTEN) HABEN AKTIONÄRE?

Als Aktionär bist du der Miteigentümer eines großen Unternehmens. Damit hast du automatisch ganz bestimmte Rechte. Diese Rechte üben die Aktionäre gemeinsam aus. Einmal im Jahr – in besonders dringenden Fällen auch öfter – kommen alle Aktionäre zur **Hauptversammlung** zusammen. In der Hauptversammlung hat jeder Aktionär **so viele Stimmen, wie er Aktien besitzt**. Wer also mehr Geld ins Unternehmen investiert hat, hat auch mehr zu sagen. Das ist fair, denn er hat ja auch mehr Geld riskiert, wenn es dem Unternehmen schlecht geht.

In der Hauptversammlung berichtet das Management des Unternehmens – genannt **„Vorstand"** – über die Geschäftsentwicklung im vergangenen Jahr und die Zukunftsaussichten. Als Aktionär hast du das Recht, dem Vorstand Fragen zu stellen. Danach stimmen die Aktionäre dann über verschiedene Fragen ab, zum Beispiel die Höhe der Dividende oder darüber, ob sie mit der Arbeit des Vorstands zufrieden waren. Außerdem wählen sie den Aufsichtsrat.

Der **Aufsichtsrat** ist neben der Hauptversammlung und dem Vorstand das dritte wichtige Element in der Führung des Unternehmens. Er überwacht den Vorstand und berät ihn in wichtigen Fragen – das kommt ja schon in

„Aufsicht" und „Rat" zum Ausdruck. Während die Hauptversammlung einmal im Jahr zusammenkommt und abstimmt, arbeitet der Aufsichtsrat das ganze Jahr über.

Neben dem Recht, in der Hauptversammlung Fragen zu stellen und abzustimmen, hast du als Aktionär noch das Recht auf **Dividende**, das heißt auf deinen Anteil am ausgeschütteten Gewinn. Die Dividende wird immer wenige Tage nach der Hauptversammlung, die über die Höhe der Dividende entscheidet, auf das Girokonto des Aktionärs ausgezahlt.

Diesen Rechten des Aktionärs stehen **relativ wenige Pflichten** gegenüber. Deine Hauptpflicht als Aktionär ist es natürlich, deine Aktien auch zu bezahlen. Das passiert aber automatisch beim Kauf einer Aktie, dafür sorgt deine Bank. Daneben hast du eine **Treuepflicht**. Du darfst dem Unternehmen (und damit deinen Mitaktionären) nicht willentlich Schaden zufügen. Manche Unternehmen geben zudem Aktien aus, weil sie mehr Kapital benötigen, und verbinden dies mit einer **Haltefrist**. Dann hast du – wenn du diese Aktien kaufst – die Pflicht, sie mindestens eine bestimmte Zeit lang zu behalten, darfst sie also nicht weiterverkaufen.

Du siehst: Als Aktionär hast du viele Rechte, aber nur wenige Pflichten. Trotzdem will der Kauf einer Aktie gut überlegt sein, denn nicht alle (aber sehr viele!) Unternehmen sind rentable Unternehmen.

WIE STELLST DU FEST, OB EINE AKTIE EINE GUTE ODER SCHLECHTE ANLAGE IST?

Nicht jedes Unternehmen macht Gewinn. Es kann sein, dass die Kundinnen und Kunden die Produkte nicht gut finden und deshalb nicht kaufen. Es kann sein, dass die Kosten der Produktion höher als der Verkaufspreis sind. Dann macht das Unternehmen **Verlust** und es kann keine Dividende ausschütten. Seine Aktien sind dann wenig attraktiv für mögliche Anleger und ihr Kurs (der Preis, zu dem sie an der Börse gehandelt werden) wird eher sinken als steigen.

Die Anlage in diese Aktie ist dann nicht lohnend und du solltest die Finger davonlassen!

Das Problem ist nur: Wie erkennst du eine gute Aktie, für die du Dividende bekommst und deren Kurs an der Börse steigt? Hinterher bist du immer klüger. Aber die Entscheidung, eine Aktie zu kaufen oder nicht, musst du leider vorher treffen. Daher gehst du immer ein **Risiko** ein, wenn du eine Aktie kaufst.

Doch es gibt verschiedene Möglichkeiten, dieses Risiko zu vermindern. Die erste Möglichkeit besteht darin, die Aktie zu prüfen, die du kaufen möchtest. So kannst du dich etwa fragen, ob du das **Produkt**, das das Unternehmen herstellt, gut findest und selbst kaufen würdest. Ohne ein gutes Produkt wird ein Unternehmen niemals auf Dauer Gewinn machen. Auch kannst du dir die Frage stellen, ob das Unternehmen in den letzten Jahren **Gewinn** gemacht hat. Diese Information (und viele mehr) findest du im Geschäftsbericht des Unternehmens – und den findest du auf seiner Internetseite. Gewinn in der Vergangenheit ist zwar keine Garantie für Gewinn in der Zukunft, aber einen gewissen Hinweis gibt dir die jüngste Unternehmensgeschichte schon.

Ein weiterer Hinweis auf gute Unternehmensführung kann dir ein Blick auf die obersten Führungskräfte des Unternehmens liefern, denn auch den **Vorstand** findest du auf der Internetseite – mit Foto und Lebenslauf. Hier ist deine Intuition – auch Bauchgefühl genannt – gefragt: Findest du den Vorstand sympathisch und vertrauenswürdig? So seltsam es klingt: Auch das ist ein Kriterium, ob du eine Aktie kaufen solltest.

Die Profis bei den Banken, die Wertpapieranalysten, finden im Geschäftsbericht des Unternehmens viele weitere Informationen. Sie setzen zum Beispiel den aktuellen Aktienkurs des Unternehmens in Beziehung zu seinem Gewinn. Mit dem sogenannten **Kurs-Gewinn-Verhältnis** kannst du Aktien miteinander vergleichen.

Das Kurs-Gewinn-Verhältnis: eine wichtige Kennzahl

Eine Aktie ist dann eine gute Geldanlage, wenn das Unternehmen Gewinn macht. Wenn du jetzt aus vielen Aktien einige auswählen möchtest, die du vielleicht kaufen willst, musst du sie natürlich vergleichen. Das ist eigentlich einfach, aber auch wiederum nicht so einfach, wie es scheint.

Zwei Aktien können zum Beispiel unterschiedlich teuer sein. Eine kostet 20 Euro, die andere 100. Das bedeutet aber nicht, dass die Aktie zu 100 Euro automatisch fünfmal so gut ist wie die für 20 Euro. Vielleicht macht das Unternehmen, dessen Aktie zu 100 Euro notiert, aktuell gar keinen Gewinn und könnte deshalb auch keine Dividende ausschütten, das Unternehmen mit der Aktie zu 20 Euro kann aber gerade so richtig durchstarten und macht große Gewinne.

Für einen echten Aktienvergleich musst du also neben dem Kurs auch die Gewinne der Unternehmen mitberücksichtigen. Dann kann zum Beispiel der Gesamtgewinn des Unternehmens bei der 20-Euro-Aktie 2 Euro je Aktie betragen, bei der 100-Euro-Aktie aber 8 Euro.

Kaufst du fünf Aktien zu 20 Euro, bekommst du für 100 Euro Investment 10 Euro Gewinn. Kaufst du dir aber die eine Aktie zu 100 Euro, bekommst du für den gleichen Betrag von 100 Euro nur 8 Euro Gewinn. Das **Kurs-Gewinn-Verhältnis** macht dies durch eine ganz einfache Rechnung sichtbar:

$$\frac{\text{Kurs der Aktie}}{\text{Gewinn je Aktie}} \qquad \frac{20}{2} = 10 \quad < \quad \frac{100}{8} = 12{,}5$$

Je niedriger das Kurs-Gewinn-Verhältnis ist, desto weniger musst du für einen Euro Gewinn investieren, desto ertragversprechender ist eine Aktie also.

> **Aber Vorsicht!** Das Kurs-Gewinn-Verhältnis ist nur **eine von vielen möglichen Kennzahlen**. Der Profi nutzt immer ein ganzes Bündel dieser Hilfsmittel. Wenn es dich interessiert, welche das sind, findest du im Internet oder in schlauen Büchern viele weitere Kennzahlen.

Das Kurs-Gewinn-Verhältnis und viele andere Kennzahlen sind wichtig, aber die letzte Unsicherheit bei der Entscheidung, eine Aktie zu kaufen oder nicht, können sie dir nicht nehmen. Deshalb ist es gut, dass du weitere Möglichkeiten hast, das Risiko zu vermindern, vor allem die **Streuung**, aber das ist ein eigenes Kapitel!

WAS HABEN EIER UND KÖRBE MIT AKTIEN ZU TUN?

Eine alte Börsenweisheit empfiehlt, **nicht alle Eier in einen Korb zu legen**. Was soll das bedeuten? Warum sollst du dich als Anleger jetzt mit Eiern befassen? Diese Aussage ist natürlich nicht wörtlich zu verstehen. Die Eier stehen vielmehr für deine **Ersparnisse**, die du in Aktien anlegen kannst (und vielleicht auch willst), der Korb für die einzelne **Aktie**.

Wer sein gesamtes Geld in die Aktien eines einzigen Unternehmens investiert, legt damit im übertragenen Sinn alle seine Eier in einen einzigen Korb.

Stell dir vor, du gehst mit einem Korb voller Eier über die Straße, stolperst und fällst hin. Dann sind alle Eier kaputt. Das gleiche passiert, wenn du all dein Geld in eine einzige Aktie steckst und das Unternehmen nicht erfolgreich ist, sodass der Börsenkurs sehr stark sinkt oder das Unternehmen vielleicht sogar pleitegeht. Dann ist auch dein Geld weg – zum größten Teil zumindest.

Das kannst du verhindern, indem du nicht alle Eier in einen Korb legst. Wenn ein Korb hinfällt, ein anderer aber nicht, gehen nur ein paar Eier kaputt, der

Rest bleibt ganz. Für deine Aktienanlage bedeutet das: **Kauf niemals die Aktien nur eines einzigen Unternehmens**, sondern immer die Aktien mehrerer Unternehmen. Dann ist es ärgerlich, aber nicht ganz so schlimm, wenn eine der Aktien stark an Wert verliert. Die Wahrscheinlichkeit, dass die anderen Aktien sich gut entwickeln, ist sehr hoch, sodass am Ende das gesamte Aktiendepot meistens doch eine gute Rendite erzielt.

> Diese Methode, das investierte Geld in mehreren verschiedenen Aktien anzulegen, ist sehr einfach und trotzdem (oder vielleicht deshalb) sehr wirkungsvoll. Die Geldanlage zu streuen oder – wie das die Fachleute sagen – zu diversifizieren, ist der **ABSOLUT WICHTIGSTE TIPP** in diesem Buch! Wer sonst alles richtig macht, aber die Streuung vernachlässigt, geht ganz ohne Not ein zu großes Risiko ein.

Je mehr verschiedene Aktien du kaufst, desto breiter ist natürlich die Streuung und desto geringer ist das Risiko der einzelnen Aktie. Das bedeutet aber nicht, dass du möglichst viele verschiedene Aktien kaufen solltest. Irgendwann wird dein Aktiendepot nämlich unübersichtlich. Dann ist es des Guten zu viel. **Acht** bis **zehn** verschiedene Aktien sollten es ungefähr sein.

Das optimale Depot

Bei welcher Kombination verschiedener Aktien das optimale Depot liegt, kann genau berechnet werden. Für diese Rechenmethode bekam der Entdecker – **Harry Markowitz** – im Jahr 1990 sogar den Ökonomie-Nobelpreis. Du brauchst jetzt aber nicht zu befürchten, dass du ungeheuer viel und kompliziert rechnen musst, wenn du in Aktien anlegst.

Für dich als privaten Anleger ist es völlig ausreichend zu wissen, dass du überhaupt streuen musst. Wenn du dann noch darauf achtest, Aktien aus **unterschiedlichen Branchen** zu kaufen, hast du schon eine sehr gute Streuung erreicht. Dann hast du genug verschiedene „Körbe".

DIE SPANNENDE FRAGE: WARUM GIBT EIN TIERPARK AKTIEN AUS?

Jedes Unternehmen lässt sich theoretisch durch die Ausgabe von Aktien finanzieren, nicht nur Automobilfabriken oder Chemiefirmen. Bei manchen Branchen wundert man sich aber doch. So findest du auf dem Kurszettel der Börse auch **Tierparks** oder **Zoologische Gärten**. In Deutschland sind dies der Zoologische Garten Berlin, der Zoologische Garten Köln, der Münchner Tierpark Hellabrunn und der Zoo Duisburg.

Die meisten Zoos werden heute von den jeweiligen Städten finanziert (und aus den Eintrittsgeldern natürlich). Das war nicht immer so. Vor etwa 150 Jahren fanden sich deshalb einige Bürger zusammen und gründeten in ihrer Stadt einen Zoo. Das notwendige Kapital für das Grundstück, die Gebäude, die Pfleger und auch die Tiere selbst sammelten sie durch die Ausgabe von Aktien ein. So schufen die wohlhabenderen Bürger der Städte eine Erholungsmöglichkeit für alle Einwohner.

Mit einem Tierpark macht man in der Regel **keinen Gewinn**. Eine hohe Dividende können und konnten die Zoo-Aktionäre also nicht erwarten. Viele als Aktiengesellschaft gegründete Zoos wurden inzwischen von den Städten übernommen, weil sie für die Bürger und Touristen eine Attraktion sind und erhalten bleiben sollten. Der Kölner Zoo etwa ist ein gemeinnütziges Unternehmen, das gar keine Gewinne ausschütten darf.

Die Aktionäre bekommen aber manchmal etwas anderes für ihr Engagement, zum Beispiel eine **vergünstigte Dauereintrittskarte** in den jeweiligen Tierpark. Früher gab es sogar kostenlosen Eintritt für die Aktionäre.

WAS SIND FESTVERZINSLICHE WERTPAPIERE?

Kurz hatten wir im vorherigen Kapitel schon auf die zweite große Gruppe von Wertpapieren neben der Aktie hingewiesen. Es sind Anleihen, die auch festverzinsliche Wertpapiere genannt werden. Wenn du eine Anleihe eines Unternehmens oder auch des Staates kaufst, wirst du zum Kreditgeber, man sagt auch Gläubiger des Unternehmens beziehungsweise des Staates. Mehr dazu erfährst du hier.

WAS IST EINE ANLEIHE?

Du kannst Geld in Aktien eines Unternehmens anlegen. Dann bist du Aktionär, also Miteigentümer des Unternehmens. Du kannst dem Unternehmen aber auch Geld leihen. Dann bist du **Kreditgeber** oder **Gläubiger** des Unternehmens.

In „**Gläubiger**" steckt natürlich wieder drin: „Ich **glaube**, dass ich das verliehene Geld wiederbekomme und auch die versprochenen Zinsen erhalte."

So wie eine Aktie einen Eigentumsanteil am Unternehmen darstellt, so stellt eine Anleihe einen Anteil an den Schulden eines Unternehmens dar. Während es bei den Aktien auf die Zahl der Aktien ankommt, die du hast, werden Anleihen in **Geldeinheiten**, also zum Beispiel Euro oder Dollar, gemessen. Du besitzt zum Beispiel 150 Aktien eines Unternehmens und zusätzlich Anleihen im Nennwert von 2.000 Euro.

Jedes Unternehmen gibt nur eine einzige Aktie aus (manchmal in zwei Varianten – nämlich Stamm- und Vorzugsaktien, aber das ist hier nicht wichtig). Es kann aber **viele verschiedene Anleihen** ausgeben. Jedes Mal, wenn es mehr Geld braucht, kann es eine neue Anleihe auflegen und zum dann herrschenden Zinssatz an Anleger ausgeben. Große Unternehmen bringen daher eine ganze Reihe von Anleihen an den Markt, die sich im Zinssatz und in der Fälligkeit unterscheiden.

Die **Fälligkeit** ist ein weiterer wichtiger Unterschied zwischen Aktien und Anleihen. Die Aktie ist „auf ewig" ausgerichtet. Sie hat kein Enddatum. Wenn ein Aktionär sich von seinen Aktien trennen möchte, verkauft er sie eben an der Börse an einen anderen Anleger. Eine Anleihe wird aber zu einem bestimmten Zeitpunkt vom Unternehmen zurückgezahlt. Wenn du also heute für 2.000 Euro eine Anleihe eines Unternehmens kaufst mit einem Zinssatz von 4 Prozent, die im Jahr 2030 ausläuft, bekommst du jedes Jahr **Zinsen** von 80 Euro (4 Prozent von 2.000 Euro) und im Jahr 2030 zusammen mit den letzten Zinsen auch die 2.000 Euro zurück.

WARUM BEKOMMST DU BEI ANLEIHEN ZINSEN?

Wenn du dein Geld verleihst, indem du eine Anleihe kaufst, verzichtest du für eine gewisse Zeit darauf, dir etwas von dem Geld zu kaufen. Für diesen vorübergehenden Verzicht bezahlt das Unternehmen, das die Anleihe ausgegeben hat, dir Zinsen. Du bekommst also über die Jahre hinweg **etwas mehr zurück**, als du verliehen hast.

Woher nimmt das Unternehmen aber das Geld für die Zinsen, die es dir bezahlt? Würde es dein Geld über die gesamte Laufzeit der Anleihe nur in die Ecke legen und nichts damit anfangen, wäre das sinnlos. Es muss also etwas damit anfangen, es muss das Geld **investieren**. So kann es etwa von dem Geld neue Maschinen kaufen oder neue Mitarbeiter einstellen und die von den neuen Mitarbeitern mit den neuen Maschinen hergestellten Produkte am Markt verkaufen. Vom Verkaufserlös kann es dann dir und den anderen Anleihekäufern Zinsen zahlen und die Anleihe zurückerstatten.

Andere Namen für **Anleihen** sind zum Beispiel Rentenpapiere, Bonds, Loans, Schuldverschreibungen, Obligationen oder festverzinsliche Wertpapiere.

SIND ZINSEN SO ETWAS WIE DIVIDENDEN?

Wenn du von deinen Ersparnissen Aktien kaufst, bekommst du – wahrscheinlich – in jedem Jahr eine Dividende. Wenn du von deinen Ersparnissen Anleihen kaufst, bekommst du einmal im Jahr Zinsen. Wo liegt denn da nun der Unterschied?

Der **wichtigste Unterschied** ist, dass das Unternehmen von dem Geld, das es durch den Verkauf seiner Produkte eingenommen hat, **zuerst die Zinsen** bezahlt (und die Löhne für die Mitarbeiter und die Steuern und die Miete fürs Büro und die Rohstoffe, die es braucht, und einiges mehr). Wenn das Unternehmen dann alle Kosten bezahlt hat und es ist noch etwas von den Verlaufserlösen übrig, dann hat es einen Gewinn gemacht. Und aus diesem Gewinn zahlt es dir **dann die Dividende**.

Dividende gibt es also nur, wenn das Unternehmen Gewinn macht (oder aus den Vorjahren noch Gewinne hat, die noch nicht als Dividende ausgezahlt wurden). Zinsen gibt es dagegen (fast) immer. „Fast immer" deswegen, weil

Unternehmen in sehr schlechten Zeiten vielleicht auch kein Geld mehr haben, um die Zinsen zu bezahlen. Vor den Zinsen für die Gläubiger werden immer noch die Löhne und Gehälter für die Arbeitnehmer bezahlt.

Die Zinsen sind deshalb viel **sicherer** als die Dividenden, aber auch **nicht vollkommen sicher**. Und die **Höhe** der Zinszahlungen ist bekannt, denn sie wird bei der Ausgabe der Anleihe festgelegt. Die Höhe der Dividende kann dagegen schwanken, je nachdem, wie gut die Geschäfte des Unternehmens im letzten Jahr gelaufen sind.

WIE „FEST" SIND DIE ZINSEN WIRKLICH?

Eine andere Bezeichnung für Anleihen ist **„festverzinsliche Wertpapiere"**. Damit soll ausgedrückt werden, dass die Zinsen fest sind und zuverlässig (das heißt: zum vereinbarten Zeitpunkt und in der vereinbarten Höhe) gezahlt werden. Stimmt das aber?

Im Normalfall ja: Die meisten Anleihen haben feste Zinsen, die auch tatsächlich regelmäßig gezahlt werden. Es gibt aber Ausnahmen und Abweichungen vom Normalfall. Eine wichtige **Ausnahme** hast du schon kennengelernt: Wenn es dem Unternehmen sehr schlecht geht, kann es die Zinsen vielleicht nicht mehr bezahlen.

Daneben gibt es aber auch **Abweichungen** vom festen Zinssatz. So kannst du zum Beispiel Anleihen kaufen, deren Zinssatz von der Entwicklung des allgemeinen Zinsniveaus abhängig ist oder von einer anderen Größe, zum Beispiel der Inflationsrate. Solche Anleihen haben also **schwankende Zinssätze**. Am vereinbarten Zeitpunkt der Zinszahlung ändert das nichts.

Bei anderen Anleihen wird gar kein Zins gezahlt. Das sind sogenannte Nullkuponanleihen oder – englisch – **Zero-Bonds**. Jetzt fragst du dich natürlich, warum jemand so eine Anleihe kaufen sollte, wenn es keine Zinsen gibt? Ganz einfach: Die Verzinsung steckt in der Differenz zwischen Ausgabekurs der Anleihe und dem am Ende zurückgezahlten Betrag. Wird eine Anleihe zu einem

Kurs von 80 verkauft, aber zum Nennwert von 100 zurückgezahlt, so stellt die Differenz von 20 die Rendite über die gesamte Laufzeit hinweg dar. Das kann zum Beispiel für Anleger interessant sein, die keine jährlichen Zinszahlungen brauchen oder die erwarten, dass sie am Ende der Laufzeit einen geringeren Steuersatz zahlen als vorher, etwa weil sie in Rente gehen.

Du siehst: Es gibt bei Anleihen viele verschiedene Formen, wie die Zinsen gezahlt werden können. Ihnen allen ist gemeinsam, dass die Regeln für die Zinszahlung gleich am Anfang fest vereinbart werden: Entweder wird gleich ein unveränderlicher „fester“ Zinssatz abgesprochen oder es wird eine Regel vereinbart, nach der sich die Höhe der Zinsen richtet.

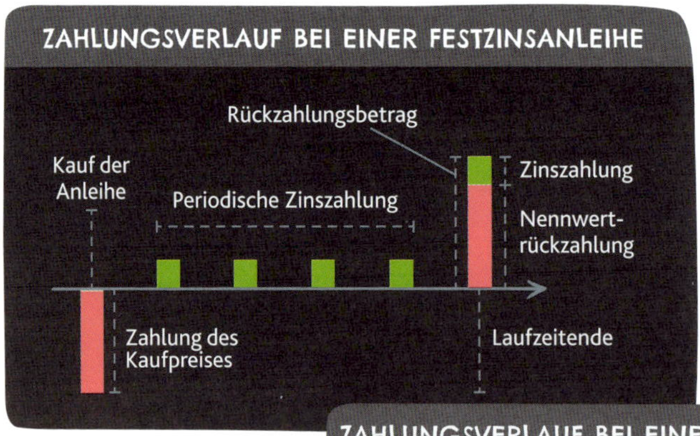

Bei einer **Festzinsanleihe** bekommt der Anleger regelmäßig eine Zinszahlung. Am Ende der Laufzeit bekommt er außerdem den Nennwert zurückgezahlt.

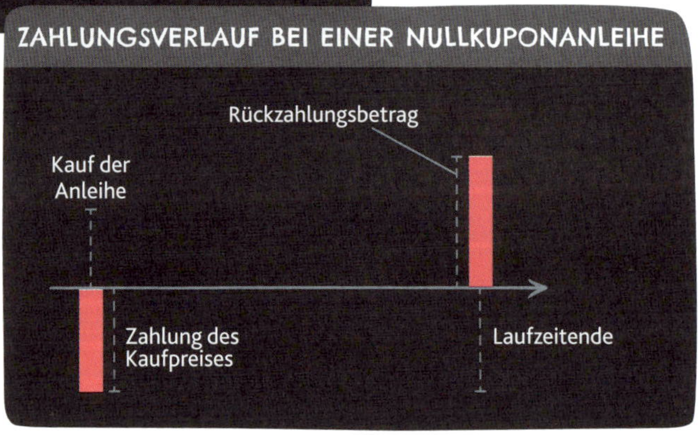

Bei einer **Nullkuponanleihe** bekommt der Anleger während der Laufzeit keine Zinszahlungen. Dafür ist die Rückzahlung viel höher als der ursprüngliche Kaufpreis.

WIE SICHER SIND FESTVERZINSLICHE WERTPAPIERE?

Die Sicherheit einer Geldanlage ist für die meisten Anleger neben ihrer Rendite die wichtigste Eigenschaft. Oder verleihst du dein Geld gerne, wenn du davon ausgehst, dass du es nie wiedersiehst?

Im Prinzip sind festverzinsliche Wertpapiere **ziemlich sicher.** Sie enthalten ein festes Versprechen auf die Zahlung von Zinsen und außerdem das Versprechen auf die Rückzahlung des angelegten Betrags zum Ende der Laufzeit. Was kann dir da noch groß passieren?

Auch festverzinsliche Wertpapiere haben aber **Risiken**. So kann das Unternehmen, dem du dein Geld geliehen hast, pleitegehen. Dann kann es seine Schulden, die es bei dir und bei anderen Anleihebesitzern hat, nicht zurückzahlen – oder nur zu einem kleinen Teil. Dann hast du einen ziemlich großen Verlust, vielleicht sogar einen Totalverlust.

Wenn du dein Geld, das du in eine Anleihe angelegt hast, **vor dem Ende der Laufzeit** brauchst, kannst du die Anleihe an der Börse verkaufen. Das klingt gut und ist es auch, denn so bist du jederzeit in der Lage, deine Anleihe zu verkaufen. Allerdings ist die Höhe des Preises oder Kurses, den du an der Börse bekommst, nicht sicher. Du machst also möglicherweise einen Verlust, denn du bekommst vielleicht weniger Geld für die Anleihe, als du ursprünglich gezahlt hast, wenn du die Anleihe vor Ende der Laufzeit verkaufen willst.

Zinssatz und Anleihekurs

Der wichtigste Einflussfaktor für den Kurs einer Anleihe ist das **Verhältnis zwischen ihrer eigenen Verzinsung und dem aktuellen Zinssatz** am Markt.

Stell dir vor, du besitzt eine Anleihe mit einem Nennwert von 1.000 Euro und einer Verzinsung von 4 Prozent. Dann bekommst du jedes Jahr 40 Euro an Zinsen (eben 4 Prozent von 1.000 Euro). Wenn du deine Anleihe jetzt vor Ende der Laufzeit verkaufen möchtest und der aktuelle Zinssatz am Markt beträgt nur noch drei Prozent, dann wirst du mehr als 1.000 Euro für deine Anleihe bekommen.

Die Interessenten für deine Anleihe vergleichen nämlich, was sie für ihr Geld bekommen. Sie können nun 1.000 Euro in eine neue Anleihe investieren und bekommen 30 Euro im Jahr. Oder sie kaufen deine alte Anleihe, für die sie 40 Euro im Jahr bekommen. Weil 40 Euro besser ist als 30 Euro, werden die Interessenten sich gegenseitig überbieten, ähnlich wie bei einer Versteigerung, bis am Ende für beide Anleihen – die neue und deine alte – die gleiche tatsächliche Verzinsung (gemessen in Prozent) gezahlt wird.

Umgekehrt ist es, wenn der aktuelle Marktzins über dem Zinssatz liegt, zu dem du früher deine Anleihe gekauft hast. Dann bekommt der Anleihe-Interessent mehr Zinsen, wenn er 1.000 Euro in eine neue Anleihe investiert, als wenn er dir deine Anleihe für 1.000 Euro abkauft. Der Kurs deiner Anleihe an der Börse wird also sinken, bis die 40 Euro Zinsen prozentual die gleiche Rendite erbringen wie der aktuelle Marktzins.

Du kannst dir merken: **Steigt der aktuelle Marktzins, sinkt der Kurs einer früher ausgegebenen Anleihe.** Umgekehrt steigt der Kurs einer früher ausgegebenen Anleihe, wenn der Marktzins fällt. Je länger die Restlaufzeit der Anleihe bis zur Rückzahlung ist, desto stärker ist der Effekt einer Zinsänderung.

Das Risiko der **Nicht-Rückzahlung** einer Anleihe und das Risiko einer **Kursänderung** bei Änderung des aktuellen Marktzinses sind die beiden wichtigsten Risiken einer Anleihe.

FRAGE FÜR FORTGESCHRITTENE: SIND ZINSEN UND RENDITE DAS GLEICHE?

Oft werden die beiden Wörter Zins und Rendite gleich verwendet. Das ist **fast, aber nicht ganz richtig**. Es gilt in einem ganz speziellen Fall: Wenn du eine Anleihe zu 100 Prozent des Nennwerts kaufst, regelmäßig die Zinsen bekommst und am Ende 100 Prozent zurückbekommst, dann ist der Zins gleich der Rendite. Der Nennwert ist der Betrag, der auf der Anleihe steht. Anleihen für private Anleger haben oft einen Nennwert (oder eine „Stückelung") von 1.000 Euro.

Die Rückzahlung zu 100 Prozent des Nennwerts ist der Regelfall, der Kauf zu 100 Prozent aber nicht. Denn Anleihen werden manchmal nicht genau zu 100 Prozent des Nennwerts ausgegeben, sondern unter 100 Prozent (mit einem Abschlag, dem sogenannten **Disagio**) oder über 100 Prozent (mit einem Aufschlag, dem **Agio**). Damit kann die tatsächliche Rendite der Anleihe ganz genau festgelegt werden – auf **drei oder vier Stellen nach dem Komma**, während der Zins meist nur mit einer oder maximal zwei Nachkommastellen angegeben wird. Auch während der Laufzeit kann der Kurs einer Anleihe schwanken, wie du oben schon gelesen hast.

Wenn du eine Anleihe zu einem Kurs unter 100 Prozent kaufst, die mit vier Prozent verzinst wird, und am Ende zum Nennwert von 100 Prozent zurückbekommst, ist deine tatsächliche Rendite natürlich etwas höher als die vier Prozent. Du machst ja einen **(kleinen) Gewinn** durch den höheren Rückzahlungsbetrag. Umgekehrt ist deine Rendite etwas niedriger als der Zinssatz, wenn du die Anleihe zu über 100 Prozent kaufst, denn dann machst du ja einen **(kleinen) Verlust**.

Der Zinssatz gibt die tatsächliche Rendite einer Anleihe also ungefähr richtig wieder – aber eben **nur ungefähr**.

LEIHEN SICH AUCH STAATEN GELD?

Staaten geben Geld aus für den Bau und den Betrieb von **Schulen**, **Krankenhäusern** und **Straßen**, aber auch für die Gehälter der Beamten und Angestellten. Diese Ausgaben finanzieren die Staaten vor allem über Steuern.

Steuern sind Zahlungen von Bürgerinnen und Bürgern, aber auch von Unternehmen an den **Staat**. Dazu gehören die Einkommensteuer, die Mehrwertsteuer und viele andere Steuern.

Eine andere Finanzierungsart für staatliche Ausgaben sind Kredite, die der Staat aufnimmt. Nicht nur Unternehmen geben also Anleihen aus und leihen sich damit Geld, sondern auch Staaten. Die Bundesrepublik Deutschland etwa beschafft sich Geld durch die Ausgabe von **Bundesanleihen**, **Bundesobligationen** und anderen Instrumenten.

Bei allen Feinheiten, die diese Wertpapiere unterscheiden, ist ihnen eins gemeinsam: Der Staat leiht sich für eine bestimmte Zeit Geld von dir und deinen Mitbürgern und Mitbürgerinnen, aber auch von Banken oder Investmentgesellschaften und zahlt dafür Zinsen. Auch Bundesländer und einzelne Städte können sich auf diese Weise Geld beschaffen.

Der Vorteil dieser Geldbeschaffung ist klar: Der Staat kann Geld ausgeben, ohne dass er dafür Steuern erheben muss. Wer zahlt schon gerne Steuern? Dem Staat Ersparnisse zu leihen und dafür Zinsen zu bekommen, ist da doch viel angenehmer.

Viele Anleger verzichten gern auf ein wenig Zinsen, wenn sie dafür eine Anlage mit einer höheren Sicherheit haben. Weil Staaten (meistens) als viel sicherere Schuldner gelten als Unternehmen, brauchen sie deshalb auch **nicht so hohe Zinsen** zu zahlen. Trotzdem gab es in der Geschichte viele Fälle, in denen auch Staaten pleitegegangen sind und ihre Schulden nicht zurückzahlen konnten. Das ist auch für die Zukunft nicht grundsätzlich ausgeschlossen.

Der **Nachteil** an der Staatsfinanzierung über Schulden ist, dass diese Schulden irgendwann zurückbezahlt werden müssen. Das geht nur, indem dann die **Steuern erhöht** oder die **Staatsausgaben gekürzt** werden. Oder es werden immer wieder **neue Schulden** aufgenommen, um alte zurückzuzahlen. Das kann natürlich nicht ewig so weitergehen, denn Schulden und Zinsen türmen sich im Laufe der Zeit mächtig auf.

WAS IST DIE RENTE?

„Rente" ist ein weiterer Begriff für festverzinsliche Wertpapiere. Wahrscheinlich kennst du den Begriff Rente aber eher aus einem anderen Zusammenhang, nämlich als das **Alterseinkommen**, das man nach seinem Arbeitsleben von der gesetzlichen Rentenversicherung bekommt. Hierfür zahlt man während der aktiven Arbeitszeit von seinem Gehalt regelmäßige Rentenbeiträge.

Früher aber verstand man unter „Renten" eher das, was heute **festverzinsliche Wertpapiere** sind. Bereits im Mittelalter konnte der Anleger eine **„ewige Rente"** kaufen: Er investierte eine bestimmte Summe und bekam dafür eine regelmäßige Zahlung „auf ewig". Eine Rückzahlung des Betrages war nicht vorgesehen, nur die zeitlich unbegrenzte Zinszahlung. Viele Fürsten und Könige finanzierten auf diese Weise ihre Hofhaltung und ihre Feldzüge.

Da auch die Altersrente weder eine Rückzahlung der gezahlten Rentenbeiträge vorsieht noch ein festes Ende der Rentenzahlung (sie endet ja erst mit dem Tod des Rentners oder der Rentnerin), wurde der Begriff der „Rente" auch für die Alterseinkommen aus der gesetzlichen Rentenversicherung übernommen.

DIE SPANNENDE FRAGE: SIND RENTEN FESTVERZINSLICH?

Wie eben erklärt, heißen festverzinsliche Wertpapier auch „Renten". Das kann natürlich verwirren. Meistens ist aber klar, wovon die Rede ist.

Renten im Sinne von festverzinslichen Wertpapieren haben selbstverständlich einen festen Zins. Bei der gesetzlichen Rente hängt die „Verzinsung" der eingezahlten Beiträge von vielen Faktoren ab, zum Beispiel von der Entwicklung der Löhne.

WIE FUNKTIONIERT DIE BÖRSE?

Die Börse: Sie fasziniert viele Menschen – und viele andere stehen ihr sehr kritisch gegenüber. Was hat es damit auf sich? Wofür ist die Börse gut? Braucht man sie überhaupt?

WOZU IST DIE BÖRSE GUT?

Ja, man braucht sie. Stell dir vor, du hast dein Geld in Aktien oder Anleihen angelegt und bekommst Dividenden oder Zinsen. Damit hast du ein regelmäßiges Einkommen aus deinen Ersparnissen. Was aber ist, wenn du einmal eine größere Anschaffung machen willst, zum Beispiel ein Auto oder eine Wohnung kaufen? Oder wenn du mit einem Unternehmen, von dem du Aktien oder Anleihen besitzt, nicht mehr zufrieden bist?

Dann wirst du deine Aktien oder Anleihen **verkaufen** wollen, um mit dem Geld etwa das Auto oder die Wohnung zu bezahlen. Oder du wirst deine Aktien oder Anleihen verkaufen wollen, um dein Geld in andere Unternehmen zu investieren, die du besser findest. Ganz egal, warum du Aktien oder Anleihen verkaufen willst – das geht nur, wenn du einen Käufer findest, der die Aktien oder Anleihen haben möchte und außerdem auch den Preis zahlt, den du gerne haben möchtest.

Wo findest du diesen Käufer? Auf der Straße oder im Eiscafé wohl kaum. Und per Zeitungsinserat oder auf einer Plattform im Internet wohl auch nicht. Und wenn doch, dann weißt du immer noch nicht, ob der mögliche Käufer auch wirklich zahlungswillig und zahlungsfähig ist. Und du weißt nicht, ob der Preis, auf den ihr euch einigt, fair ist.

All diese Probleme löst die Börse. **An der Börse kommen alle zusammen**, die Aktien oder Anleihen kaufen oder verkaufen wollen. Da das aber viel zu viele Menschen wären, die sich nicht kennen und daher auch nicht vertrauen, werden **Banken** zwischengeschaltet. Wer eine Aktie verkaufen will, erteilt seiner Bank einen Verkaufsauftrag. Wer diese Aktie kaufen will, erteilt seiner Bank einen Kaufauftrag. Und die beiden Banken (beziehungsweise deren Vertreterinnen und Vertreter) treffen sich an der Börse und wickeln den Handel ab. Das ist die einfachste und sicherste Möglichkeit, wie eine Aktie oder eine Anleihe den Besitzer wechseln kann. Dafür braucht man die Börse.

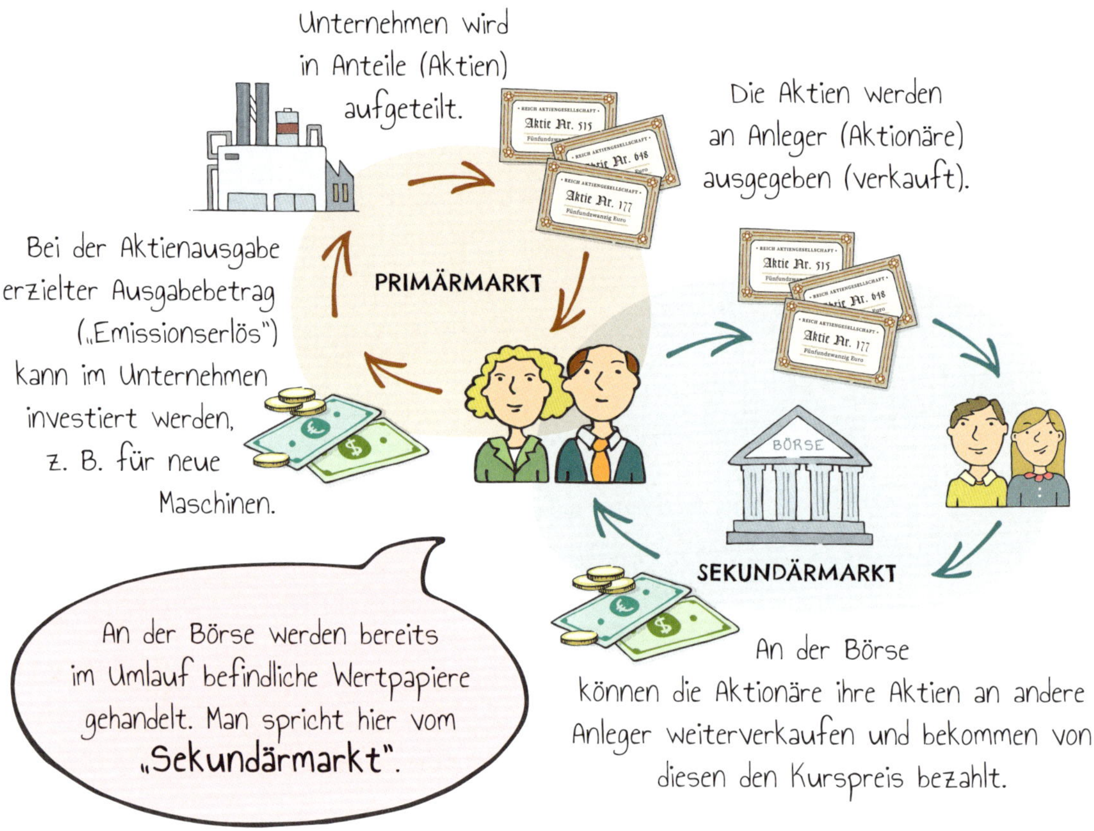

WAS BEDEUTET DER BEGRIFF „BÖRSE"?

Du kennst das Wort **„Geldbörse"** – eine kleine Tasche, oft aus Leder, in der Münzen und Geldscheine (und manches mehr, zum Beispiel Ausweis oder Führerschein oder Kreditkarten) verwahrt werden. Früher war das oft nur ein Ledersäckchen oder Beutel, in dem man seine Münzen aufbewahrte. Der lateinische Ausdruck dafür lautet *bursa*.

Das Wort **Börse** kommt vom lateinischen Wort *bursa*, das bedeutet „Geldbeutel".

Im flandrischen Städtchen Brügge lebte seit dem 13. Jahrhundert eine Familie **van der Beurse**, deren Wappen drei Geldbeutel – drei Börsen – zeigte. In deren Haus trafen sich ab 1409 regelmäßig die Kaufleute, um Güter und Finanzen zu handeln – wie heute in einer Börse. Und der Begriff „Börse" ging dann von der Familie und ihrem Haus auf die Zusammenkunft der Kaufleute über, die die ersten Börsenversammlungen der Geschichte besuchten.

Das Wort „Börse" gibt es in ähnlicher Form auch in anderen Sprachen: **bourse** im Französischen, **borsa** im Italienischen oder **børs** im Dänischen. Im Spanischen sagt man **bolsa**. Ein anderes Wort nutzen die Engländer und Amerikaner: Sie sprechen von der **exchange**, was sich auf die Funktion der Börse, den Austausch von Wertpapieren und Geld, bezieht.

WAS WIRD NEBEN WERTPAPIEREN AN DER BÖRSE GEHANDELT?

Aktien oder Anleihen werden auch als Wertpapiere bezeichnet, weil auf einem Papier die Besitzansprüche an der Aktie oder der Anleihe festgehalten werden. Wer das Papier besitzt, gilt auch als Eigentümer der Aktie, also des Unternehmensanteils. Diese Wertpapiere werden oft (aber nicht alle) an der Börse gehandelt.

Aber nicht nur Wertpapiere, auch andere Güter können an einer Börse gehandelt werden. So gibt es zum Beispiel **Börsen für Waren** wie Kaffee,

Getreide, Öl, Baumwolle oder sogar Schweinehälften. Gemeinsam ist all diesen Handelsobjekten, dass sie ziemlich **standardisiert** sind. Es gibt zum Beispiel genau definierte Getreidesorten. Wer eine Tonne Braugerste oder Brotweizen kauft, weiß ganz genau, welche Qualität diese Waren haben. Deshalb können sie an einer Warenbörse gehandelt werden, ohne dass sie zur Prüfung oder Besichtigung durch die Käufer dort sein müssen.

Nicht an einer Börse können hingegen Waren gehandelt werden, die sehr unterschiedlich sind, gebrauchte Autos etwa. Jedes gebrauchte Auto ist etwas anders, es ist individuell. Deshalb wird (hoffentlich) niemand einen Gebrauchtwagen kaufen, den er nicht ausgiebig geprüft und Probe gefahren hat oder den er sogar von einem Fachmann hat beurteilen lassen. Aus diesem Grund gibt es zwar große Gebrauchtwagenmärkte, auf denen Käufer und Verkäufer (mit den Autos) sich treffen, aber keine richtige Gebrauchtwagenbörse. Dafür sind die Unterschiede zwischen den Autos einfach zu groß.

WER HAT DIE BÖRSE ERFUNDEN?

Wie viele sinnvolle Sachen wurde die Börse nicht von jemandem erfunden. Sie entstand praktisch **von selbst**, indem Kaufleute sich regelmäßig zu bestimmten Zeiten an bestimmten Orten trafen, um ihre Geschäfte abzuwickeln. Sie merkten schnell, wie sinnvoll es ist, wenn alle zur gleichen Zeit am gleichen Ort sind (heute ist dieser Ort ein weltumspannendes Computernetzwerk).

Die Treffen der Kaufleute wurden im Laufe der Zeit immer professioneller und auch immer stärker geregelt. Je einheitlicher die Regeln, desto leichter war der Handel. Am Ende musste man sich nur noch über die Menge und den Preis einer Ware einigen – alles andere (zum Beispiel Ort und Zeit der Übergabe von Ware und Geld) stand automatisch fest. Das **vereinfachte** den Börsenhandel ungemein und ermöglichte die sichere Abwicklung zahlreicher Geschäfte in kürzester Zeit.

> Nachdem in einigen Städten Börsen existierten, sah man auch anderswo, wie **praktisch** das war. Deshalb gründeten die Kaufleute in **immer mehr** Städten neue Börsen. Nach diesen Kaufmannsbörsen entstanden später auch von den Staaten gegründete Börsen.

Da es um viel Geld ging (und geht), wurden die rechtlichen Regeln immer genauer und strenger und aus den ursprünglichen Kaufmannsabsprachen wurden sehr strenge **Gesetze**. In Deutschland sind dies zum Beispiel das Börsengesetz, die Börsenzulassungs-Verordnung, das Wertpapierhandelsgesetz und viele andere Vorschriften mehr. Und die Europäische Union hat auch zahlreiche Verordnungen zu Börsen und zum Wertpapierhandel erlassen.

IST DIE BÖRSE GEFÄHRLICH?

Viele Leute glauben, dass die Börse gefährlich oder zumindest unsicher ist, und legen deshalb ihr Geld nicht in Aktien an. Damit schaden sie sich aber selbst.

Zunächst einmal ist die Börse – also der organisierte Handel mit Wertpapieren – überhaupt nicht gefährlich. Die Gesetze sind so streng und die Vorkehrungen so ausgefeilt, dass der Anleger kein Risiko eingeht, dass er Geld für eine Aktie bezahlt, diese aber nicht bekommt. Das Risiko, beim Gebrauchtwagenkauf übers Ohr gehauen zu werden, ist um ein Vielfaches höher. Trotzdem kaufen viele Leute gebrauchte Autos, aber keine Aktien.

Was natürlich bleibt und was den Eindruck schürt, die Börse sei „gefährlich“, ist das mit einer Aktienanlage verbundene **Risiko**. Niemand weiß hundertprozentig sicher, ob das Unternehmen hinter der Aktie auch in Zukunft Gewinn machen und Dividenden ausschütten wird. Wenn es keinen Erfolg hat, kann der Aktienkurs sinken und der Anleger macht Verlust statt Gewinn.

Gegen dieses Risiko helfen keine Gesetze und Verordnungen. Der Anleger kann sich aber selbst sehr wirksam und sehr einfach dagegen **schützen**, indem er nicht nur die Aktien eines einzigen Unternehmens kauft, sondern Aktien verschiedener Unternehmen. Die Erfahrung zeigt nämlich, dass die Unternehmen im Durchschnitt und auf Dauer einen sehr ordentlichen Gewinn machen und die Aktienkurse insgesamt daher langfristig **steigen**.

Die Börse ist nicht gefährlich, wenn man ein paar einfache Vorsichtsmaßnahmen beachtet. Die wichtigste Maßnahme ist die **Streuung**, das heißt, sein Geld auf verschiedene Aktien und andere Anlagen zu **verteilen**.

WER SCHÜTZT DIE ANLEGER UND ANLEGERINNEN AN DER BÖRSE?

Eine Börse kann **nicht jeder** gründen und betreiben. Es gibt dazu viele Vorschriften zu beachten. Die Errichtung und der Betrieb einer Börse bedarf deshalb der schriftlichen **Erlaubnis** der Börsenaufsichtsbehörde.

Die Schutzvorkehrungen an der Börse sind streng und gleich mehrere Behörden und andere Institutionen sorgen für den Schutz der Anlegerinnen und Anleger.

Damit der Handel ordnungsgemäß abläuft, richten alle Börsen in Deutschland eine Handelsüberwachungsstelle – **HÜSt** genannt – ein. Die Menschen, die dort arbeiten, beobachten genau den laufenden

Handel mit Aktien und anderen Wertpapieren. Wenn ein Börsenhändler seinen Kunden nicht den besten Preis gewährt oder die Ausführung verzögert oder sonstwie unsauber arbeitet, kann der Kunde sich beschweren und die HÜSt geht der Sache nach.

Auf der Ebene eines Bundeslandes sind die **Wirtschafts- oder Finanzministerien** für die Börsenaufsicht zuständig. Die Beamten dort achten etwa darauf, dass der Börsenrat einer Börse ordnungsgemäß gewählt wird, dass die Börsengeschäftsführung ihren Aufgaben nachkommt und manches mehr. Für die Börse in Frankfurt ist zum Beispiel das Wirtschaftsministerium in der hessischen Landeshauptstadt Wiesbaden zuständig.

Und für ganz Deutschland ist die Bundesanstalt für Finanzdienstleistungsaufsicht – die **BaFin** – verantwortlich. Sie prüft, ob alle Unternehmen, deren Aktien an der Börse gehandelt werden, auch die gesetzlich vorgeschriebenen Informationen veröffentlicht haben, und sie verfolgt bestimmte Vergehen, etwa das Ausnutzen vertraulicher Informationen.

SIND DIE BÖRSE, DER FINANZMARKT UND DER KAPITALMARKT DAS GLEICHE?

Die Wörter Börse, Finanzmarkt und Kapitalmarkt werden oft mit der gleichen Bedeutung benutzt, auch wenn das streng genommen nicht stimmt. **Der Finanzmarkt ist der umfassendste Begriff.** Damit bezeichnet man eigentlich alle Finanzaktivitäten in einem Land, auch kurzfristige Kredite.

Der Kapitalmarkt ist ein Teil des Finanzmarktes. Er umfasst alle eher langfristigen Anlagen – etwa ab vier Jahren, unabhängig davon, ob sie an einer Börse gehandelt werden oder nicht. **Und die Börse ist der engste Begriff.** Hier werden Aktien oder andere Wertpapiere nach sehr strengen Regeln gehandelt.

Viele Leute sagen, dass sie Geld an der Börse verloren haben, auch wenn sie in ganz andere, oft ungeprüfte und manchmal sogar betrügerische Anlageformen investiert haben. „Börse" steht dann stellvertretend für das ganze Finanzwesen. Dass viele Menschen „Angst" vor der Börse haben, kommt auch davon, dass sie sich nicht so gut auskennen und deshalb die Begriffe verwechseln.

Das kann dir jetzt nicht mehr passieren!

WELCHE RISIKEN GIBT ES AM KAPITALMARKT?

Nichts im Leben ist ganz sicher, alles hat ein Risiko. Natürlich gilt das auch für den Kapitalmarkt. Wichtig ist, dass du diese Risiken kennst und weißt, wie du dich davor schützen kannst.

Manche Risiken entstehen dadurch, dass man auf einen Betrüger hereinfällt, der einem wertlose Anlagen verkauft. An der organisierten Börse ist das praktisch unmöglich, aber außerhalb der Börse kommt das schon vor. Solche Angebote am **„Grauen Kapitalmarkt"** erkennt man oft daran, dass sehr hohe Gewinne versprochen werden und dass der Anleger unter Zeitdruck gesetzt wird, damit er nicht in Ruhe überlegen kann. Das sind ganz eindeutige Warnsignale – dann heißt es einfach **„Finger weg"!**

Andere Anlageformen sind zwar seriös, weil sie vom Staat überwacht werden, aber es steht nicht fest, wie viel Rendite sie erzielen. Gerade bei Unternehmen ist der Gewinn unsicher. Der Kurs ihrer Aktien an der Börse kann daher schwanken. Dagegen hilft der Kauf **mehrerer unterschiedlicher Aktien**, deren Kursschwankungen sich ausgleichen können.

Selbst Anlageformen wie Anleihen, bei denen den Anlegern ein fester Zins versprochen wird, haben Risiken. Wenn das Unternehmen, das die Anleihen ausgegeben hat, die Zinsen oder die Rückzahlung nicht mehr leisten kann, ist das Vermögen des Anlegers auch gefährdet. Auch hier hilft das **Universalmittel** am Kapitalmarkt weiter: nie das ganze Geld in nur eine einzige Anleihe (oder eine einzige Aktie) investieren!

WAS IST EIN BÖRSENCRASH?

Das Streuen des Vermögens auf mehrere Aktien und Anleihen ist hilfreich, wenn das Risiko eines einzelnen Unternehmens vermindert werden soll. Es gibt aber auch Börsencrashs, bei denen alle oder fast alle Aktienkurse in kürzester Zeit drastisch fallen.

Das kann passieren, wenn die Kurse über lange Zeit hinweg stark gestiegen sind und einen sehr hohen Wert erreicht haben. Dann sind die Anleger nervös,

weil in einer solchen Situation weitere Kurssteigerungen immer unwahrscheinlicher werden. Ein kleiner Anstoß, zum Beispiel eine unerwartet schlechte Nachricht, reicht dann häufig aus, dass erste wichtige Anleger ihre Aktien verkaufen. Und weil sich das herumspricht und die Kurse anfangen zu fallen, verkaufen weitere Anleger. Und dann noch mehr und noch mehr ...

Das kann eine Lawine auslösen wie ein kleiner Schneeball, der ins Tal rollt und dabei immer größer wird. Die Folge ist ein Crash – ein **sehr starker Kurssturz aller Aktien** innerhalb kürzester Zeit. Für den normalen privaten Anleger ist es am besten, einen solchen Crash **einfach auszusitzen**. Die Erfahrung zeigt nämlich, dass solche Kursstürze meistens sehr schnell wieder aufgeholt werden, weil die Aktienkurse wieder steigen. Trotzdem erinnert man sich an der Börse noch nach vielen Jahren an diese Crashs.

Wenn du bei einem solchen Crash in Panik deine Aktien zu einem tiefen Kurs verkaufst, erleidest du einen echten und schmerzhaften Verlust. Wenn du aber einen kühlen Kopf bewahrst und deine Aktien einfach behältst, passiert dir mittelfristig gar nichts. Deine Aktien sind nur vorübergehend weniger wert. Einzige Voraussetzung: Du darfst in der Phase niedriger Kurse nicht gezwungen sein, Aktien zu verkaufen, weil du Geld für etwas anderes dringend brauchst. Deshalb sollst du **nie dein ganzes Geld anlegen**, sondern immer eine Reserve übrig behalten.

Und wenn du in Crashphasen ganz mutig bist, kaufst du billig ein, während alle anderen mit Verlust verkaufen.

DIE SPANNENDE FRAGE: WAS BEDEUTET „AUFS PARKETT GEHEN"?

Wenn ein Unternehmen erstmals seine Aktien an der Börse notieren lässt, **„geht es aufs Parkett"**. So sagt man jedenfalls. Aber woher kommt dieser seltsame Ausdruck, wo die Börse heute doch überwiegend per Computerhandel stattfindet?

Das war natürlich nicht immer so, sondern hat sich erst in den letzten Jahrzehnten so entwickelt. Vorher fand der gesamte Aktienhandel im **Börsensaal** statt. Dieser Saal wird als Parkett bezeichnet.

Das erste Mal wurde der Begriff Parkett (bzw. französisch *parquet*) im Jahr 1639 in einem königlichen Dekret für den amtlichen Handel mit Aktien in Paris benutzt. Seitdem heißt jeder Börsensaal **Parkett** – egal, ob der Fußboden wirklich aus Parkett, aus teurem Marmor oder aus billigem Vinyl besteht. Und ein Unternehmen, das an die Börse geht, geht eben aufs Parkett.

WAS SIND FONDS?

Du hast es bisher schon mehrfach gelesen: Die wichtigste Empfehlung für eine gute Geldanlage ist die Streuung. An der Börse gibt es das Sprichwort „Man soll niemals alle Eier in einen Korb legen“. Das bedeutet, es ist viel sicherer, sein Geld in verschiedene Aktien und Anleihen zu investieren.

KANNST DU ALLE DEUTSCHEN AKTIEN AUF EINMAL KAUFEN?

Streuung in viele verschiedene Aktien und Anleihen macht natürlich Mühe und man braucht auch eine gewisse Anlagesumme dafür. Du hast wahrscheinlich nicht so viel Geld, dass du mehrere Aktien unterschiedlicher Unternehmen kaufen kannst. Und nicht jeder weiß, welche Aktien das dann sein sollen.

Für dich und alle anderen Anleger, die in deiner Situation sind, gibt es zum Glück **Fonds**. Die Idee eines Fonds ist einfach: Viele Anleger legen ihr Geld in einem Fonds zusammen und der Fondsmanager kauft von der Gesamtsumme unterschiedliche Wertpapiere.

Die maximale Streuung erreichst du, wenn du Aktien aller börsennotierten Unternehmen kaufst. Das sind aber allein in Deutschland über 400. Wenn du in jedes einzelne deutsche börsennotierte Unternehmen 100 Euro investierst, brauchst du also mehr als 40.000 Euro. Wir wünschen dir zwar, dass du die hast, aber es ist doch recht unwahrscheinlich.

> Einen **Fonds** kann man sich wie einen **großen Topf** vorstellen. Darin werden verschiedene Wertpapiere gesammelt. Viele Anlegerinnen und Anleger zahlen in diesen Topf verschieden hohe Beträge ein. Dafür erhalten sie Fondsanteile, die ihren Anteil an dem im Fonds gesammelten Vermögen dokumentieren.

Wenn du aber 1.000 Euro hast und 1.000 andere Anleger ebenso, kommt ihr zusammen schon auf eine ganze Million. Und dafür kann man – wenn man will – sehr viele verschiedene Aktien kaufen. Wenn du willst, kannst du über einen Fonds Aktien (fast) aller börsennotierter Unternehmen auf einen Schlag kaufen. Meistens kauft der **Fondsmanager** – der das Geld im Auftrag der Anleger verwaltet und anlegt – aber nur ganz bestimmte Aktien, von denen er erwartet, dass sie eine gute Rendite erzielen werden.

Über einen breit streuenden Fonds kannst du also fast alle Aktien kaufen. Es gibt aber auch Fonds, die sich spezialisieren. Sie legen dann in bestimmte Branchen an, in Aktien bestimmter Länder oder in Aktien, die in der letzten Zeit besonders stark gestiegen (oder besonders stark gefallen) sind. Der Fantasie sind hier keine Grenzen gesetzt.

WAS BEWIRKT STREUUNG?

Du fragst dich vielleicht, warum wir immer die Streuung so stark betonen. Die Antwort ist auf den ersten Blick unglaublich: Du kannst durch Streuung dein Gesamtrisiko sehr stark senken, ohne auf Rendite verzichten zu müssen. Die Fachleute sprechen sogar von **„Risikovernichtung"** durch Streuung!

Wie kann das sein?

Wenn du für je 1.000 Euro zwei verschiedene Aktien kaufst, von denen die erste eine Rendite von 5 Prozent, die zweite eine Rendite von 15 Prozent erzielt, dann liegt die durchschnittliche Rendite genau in der Mitte, in unserem Beispiel bei 10 Prozent. So weit, so gut.

Betrachtest du jetzt das Risiko deiner Aktienanlage, wirst du etwas **sehr Merkwürdiges** feststellen: Wenn du zwei verschiedene Aktien kaufst, ist das Risiko deiner gesamten Aktienanlage sehr viel niedriger als der Durchschnitt der beiden einzelnen Aktien. Das widerspricht ganz offensichtlich dem berühmten gesunden Menschenverstand – oder doch nicht?

Die Lösung des Rätsels liegt darin, dass die Aktien verschiedener Unternehmen sehr unterschiedliche Risiken haben. Das Risiko besteht in den Schwankungen, die ein Aktienkurs aufweist. Schwankt eine Aktie sehr stark, ist ihr Risiko hoch. Schwankt sie wenig, ist ihr Risiko gering. Die Kurse der meisten Aktien verlaufen nun nicht völlig parallel zueinander: Wenn eine Aktie im Kurs sinkt, steigt eine andere Aktie vielleicht. Das ergibt eine relativ gleichmäßige Wertentwicklung des gesamten Depots. Und genau das bedeutet ein sehr viel geringeres Risiko.

Je mehr verschiedene Aktien in einem Depot sind, desto stärker ist dieser Risikovernichtungseffekt durch Streuung. Das funktioniert natürlich nicht nur bei Aktien, sondern auch bei Anleihen oder anderen Anlageformen, zum Beispiel Immobilien. Deshalb ist es sinnvoll, verschiedene Anleihen zu kaufen und auch verschiedene Immobilien. Aktien-, Anleihe- oder Immobilienfonds sind deshalb sehr gut geeignet, auch mit kleinen Anlagebeträgen bereits eine sehr breite Streuung und damit ein geringes Risiko zu erreichen.

WAS KANN EIN FONDS ALLES BEINHALTEN?

Es gibt die verschiedensten Arten von Fonds. Die bekanntesten sind **Aktienfonds**, die – wen wundert´s? – in Aktien investieren. **Rentenfonds** investieren in Anleihen, **Immobilienfonds** in Häuser und Gewerbeimmobilien. **Geldmarktfonds** legen in sehr kurzfristige festverzinsliche Wertpapiere an, die praktisch kein Zinsrisiko haben.

Dann gibt es noch **gemischte Fonds**. Sie legen einen Teil ihrer Mittel in Aktien, einen anderen Teil in festverzinslichen Wertpapieren an. Damit kann der Fondsmanager unterschiedliche Entwicklungen an den Aktien- und den Rentenmärkten ausnutzen, indem er den Schwerpunkt seiner Anlagen verschiebt.

Dachfonds sind auch gemischte Fonds, aber sie investieren nicht in einzelne Aktien und Anleihen, sondern in Aktien- und Rentenfondsanteile. Damit greift der Dachfondsmanager auf die Kenntnisse seiner Kolleginnen und Kollegen zurück, die sich speziell nur mit Aktien oder nur mit Anleihen befassen.

> Neben diesen weit verbreiteten Fonds gibt es auch noch sehr spezielle, die zum Beispiel in **Kunst** anlegen, in **Oldtimer** oder in **Flugzeuge**. Diese Fonds sind für den normalen Privatanleger aber kaum zugänglich.

KANN EIN FONDS PASSIV SEIN?

Wenn ein Fondsmanager aktiv Aktien aussucht, nennt man diese Fonds **„aktiv verwaltet"**. Es gibt dann logischerweise auch **„passiv verwaltete" Fonds.** Bei dieser Art von Fonds richtet sich der Fondsmanager nach einem **Aktienindex**, zum Beispiel dem DAX. In einem solchen Index sind meistens die größten und wichtigsten Aktien eines Landes oder einer Region – zum Beispiel aus Europa oder Ostasien – enthalten.

Wenn du Anteile an einem passiven Fonds kaufst, zahlst du viel weniger **Gebühren** als bei einem aktiv verwalteten Fonds. Die Rendite, die du erwarten kannst, liegt also bei der Rendite des Index abzüglich der geringen Gebühren. Bei aktiv verwalteten Fonds strebt der Fondsmanager hingegen eine höhere Rendite an, aber das ist auch mit etwas höheren Gebühren verbunden. Welche Art von Fonds – aktiv oder passiv – für den Anleger besser ist, steht nicht von vornherein fest. Mal ist es die eine, mal die andere …

WIE VIEL ARBEIT MACHEN „AKTIVE" FONDS?

„Aktive Fonds" hört sich so an, als müsste der Anleger sehr aktiv, also sehr tatkräftig und rege sein. Das stimmt – aber nur zu Beginn: Der Anleger muss **einmal** aktiv werden und entscheiden, in welchen Fonds er investieren möchte. Da es verschiedene Fondsgesellschaften gibt und jede Fondsgesellschaft unterschiedliche Fonds anbietet, sollte der Anleger sich hier einmal informieren, bevor er sich für einen (oder einige) Fonds entscheidet.

Danach hat der Anleger selbst eigentlich keine Arbeit mehr damit, denn der **Fondsmanager** erledigt diese für ihn. Der Manager verfolgt die Entwicklung an den Aktienmärkten und der einzelnen Unternehmen. Er sieht sich die einzelnen Aktien, in die er investieren könnte, sehr genau an und entscheidet dann, in welche er tatsächlich investiert. Und er beachtet die Einhaltung gesetzlicher Regelungen. Ein Aktienfonds darf zum Beispiel nicht mehr als zehn Prozent seines Anlagevermögens in eine einzelne Aktie stecken. Damit soll sichergestellt werden, dass der Fonds wirklich breit streut und kein **„Klumpenrisiko"** entsteht.

Mit all diesen Tätigkeiten ist ein Fondsmanager gut ausgelastet. Da er aber Profi ist und sich den ganzen Tag mit Anlagefragen befasst, ist er gegenüber dem normalen Privatanleger im Vorteil, der sich oft nur in der Freizeit um seine Geldanlage kümmern kann und vielleicht auch einen ganz anderen Beruf gelernt hat.

WAS SIND EIGENTLICH ETFS?

Fondsanteile werden von den Fondsgesellschaften ausgegeben (verkauft) und, wenn der Anleger sein Geld braucht, auch wieder zurückgenommen (gekauft). Da bei der Ausgabe in der Regel eine Gebühr – genannt **Ausgabeaufschlag** – erhoben wird, lohnt sich die Anlage meistens nur bei einem längeren Anlagezeitraum.

Als **Ausgabeaufschlag** oder auch **„Agio“** bezeichnet man die Gebühr, die einmalig beim Kauf von Fondsanteilen fällig wird. Dieser Aufschlag wird für Vermittlungs-, Beratungs- und Vertriebskosten erhoben und geht meist an Banken oder Fondsberater. Man berechnet den Ausgabeaufschlag prozentual – normalerweise liegt er zwischen 1 und 7 Prozent der Anlagesumme. **Bei ETFs ist das anders.** Diese Fondsanteile kann man täglich an der Börse kaufen oder verkaufen. Ihr Preis richtet sich nach dem Wert der Aktien, die in diesen ETFs enthalten sind.

ETF steht für **„exchange traded funds“**, also börsengehandelte Fonds. Die allermeisten ETFs sind **passiv verwaltete Fonds**, die sich an der Zusammensetzung eines Aktienindex orientieren. Das ist viel billiger als ein aktiv verwalteter Fonds und damit werden die günstigen Gebühren erst möglich. Es gibt aber auch **einige wenige aktiv verwaltete Fonds**, die als ETF gehandelt werden.

Bei ETFs ist ebenso wie bei normalen Fonds die Einrichtung eines Sparplans möglich. Damit kannst du **schon ab zehn oder zwanzig Euro im Monat** regelmäßig Fondsanteile kaufen. Auf die Dauer entsteht so ein ganz hübsches Vermögen …

Die allermeisten ETFs orientieren sich an einem Index, z. B. dem DAX. Steigt der DAX um 10 Prozent, steigt auch ein DAX-ETF um 10 Prozent, sinkt der DAX um 5 Prozent, sinkt der ETF auch um 5 Prozent.

DIE SPANNENDE FRAGE: SOLLTEN NUR SCHLAFMÜTZEN IN „PASSIVE" FONDS ANLEGEN?

Die Vorstellung ist naheliegend: Faultiere und Schlafmützen legen in passive Fonds an, aktive Menschen in aktive Fonds. Das stimmt aber nicht ganz, denn nicht die Anleger haben die Arbeit mit Fonds, sondern die **Fondsmanager**. Und Arbeit fällt bei den Fondsmanagern wahrlich genug an.

Bei aktiven Fonds ist das klar. Der Manager muss sich permanent die Frage stellen, ob er in die richtigen Aktien investiert oder ob er nicht bessere Aktien findet. Aber auch der Manager eines passiven Fonds muss permanent den Markt beobachten, auch wenn die Gewichtung der Aktien durch den Index vorgegeben wird.

Der Anleger, der vor der Wahl zwischen aktiven und passiven Fonds (oder einer Kombination beider Formen) steht, kann selbst eher aktiv oder eher passiv veranlagt sein. Er muss sich aber entscheiden, welchem Anlagestil er bessere Resultate zutraut. **Und diese Entscheidung ist nicht einfach!**

WAS SIND KRYPTOWÄHRUNGEN?

Nicht mehr ganz neu, aber doch in der langen Geschichte des Geldes und der Finanzen noch recht jung sind Kryptowährungen. Der Begriff Kryptowährung ist hip und chic – aber leider auch falsch. Eine Kryptowährung, zum Beispiel der seit 2009 existierende Bitcoin, ist nämlich gar keine richtige Währung, sondern nur ein Finanzinstrument. Diese Unterscheidung mag kleinkariert klingen, ist aber wichtig – vor allem, wenn es Probleme gibt.

WOHER KOMMT DER BEGRIFF „KRYPTO" UND WARUM SIND KRYPTOWÄHRUNGEN ENTSTANDEN?

Vor den Problemen kommt aber die Begeisterung. Viele Menschen sind so überzeugt von **Bitcoin**, **Ethereum**, **Tether**, **Ripple**, **Solana** und den angeblich mehr als 23.000 anderen Kryptowährungen, dass sie schon das Ende des Geldes in seiner herkömmlichen Form ausrufen wollen. Ob das aber wirklich gerechtfertigt ist?

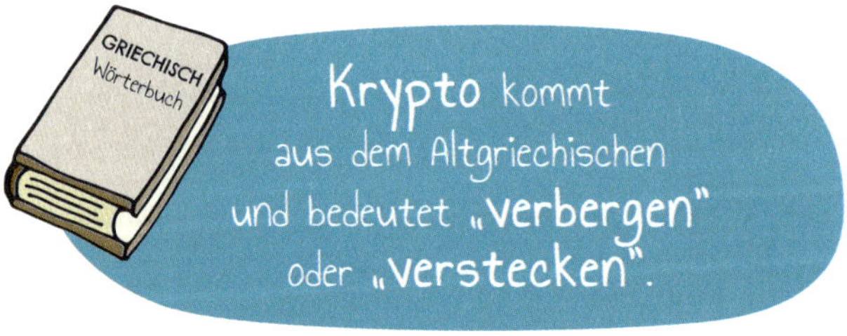

Du kennst vielleicht **Geheimschriften**, wie Spione und Agenten sie verwenden. Die Lehre von diesen Geheimschriften (die die in ihnen enthaltenen Botschaften ja auch verbergen sollen) heißt **Kryptografie**.

Die Idee einer Kryptowährung ist ähnlich. Die Erfinder der Kryptowährungen träumten von einem Zahlungssystem, das nicht von den Regierungen organisiert wird und nicht von ihnen kontrolliert werden kann, also einer Art von **rein privatem Geldsystem**. Es soll auch ohne Banken funktionieren, indem es Zahlungen direkt zwischen dem Sender und dem Empfänger ermöglicht.

Damit wären **anonyme und geheime Zahlungen** möglich, von denen niemand etwas weiß – außer den direkt Betroffenen. Großes Interesse an solchen Zahlungen haben natürlich alle, die ihr Geld auf unsaubere Weise erworben haben, zum Beispiel durch Drogenhandel. Aber auch, wer sein Geld am Finanzamt vorbei bewegen und damit sonst fällige Steuern vermeiden möchte, würde gerne geheime Zahlungsmittel nutzen.

Dass die Regierungen das nicht gut finden, ist verständlich. Und wie sie darauf reagieren würden, war vorhersehbar: **Auch Kryptowährungen werden reguliert.** Auch das „Verborgene" wird offengelegt, zumindest zum Teil.

WAS IST DIE BLOCKCHAIN?

Der Aufstieg der Kryptowährungen ist eng verbunden mit einer neuen Idee im Internet, der Blockchain. Wie der englische Begriff sagt: Es handelt sich um eine **Kette („chain") von Blöcken aus Bits und Bytes**. Diese Blöcke werden auf vielen Computern gleichzeitig gespeichert. Der erste Block enthält zum Beispiel die Informationen, wer wie viele Bitcoins besitzt. Wenn dann eine Zahlung mit Bitcoins beglichen wird (was beim Banksystem einer Überweisung von einem Konto auf ein anderes gleichkäme), werden die geänderten Besitzverhältnisse im nächsten Block gespeichert.

Dieser Block wird wieder auf allen Computern gleich abgespeichert und bildet das zweite Glied in der Kette, der Blockchain. Es folgen weitere Blöcke, sodass die Kette am Ende ziemlich lang wird.

Da auf allen Computern die gleiche Information abgespeichert ist, wem was gehört und wer an wen wie viele Bitcoins überwiesen hat, gilt die Blockchain-Technologie als **sehr sicher**. Sie kommt ohne einen zentralen Computer aus, in dem alle Informationen zentral abgespeichert sind. Vielmehr ist jeder der beteiligten dezentralen Computer ein eigener Zentralcomputer für sich. Und wenn es doch einmal unterschiedliche Inhalte geben sollte, ist die Mehrheit der vielen dezentralen Computer entscheidend.

Das Ganze benötigt natürlich eine **große Rechenkapazität** und verbraucht auch sehr viel Strom. Ob sich die Blockchain-Technologie daher gegenüber den herkömmlichen Bankgeschäften durchsetzen kann, wird sich in den kommenden Jahren herausstellen.

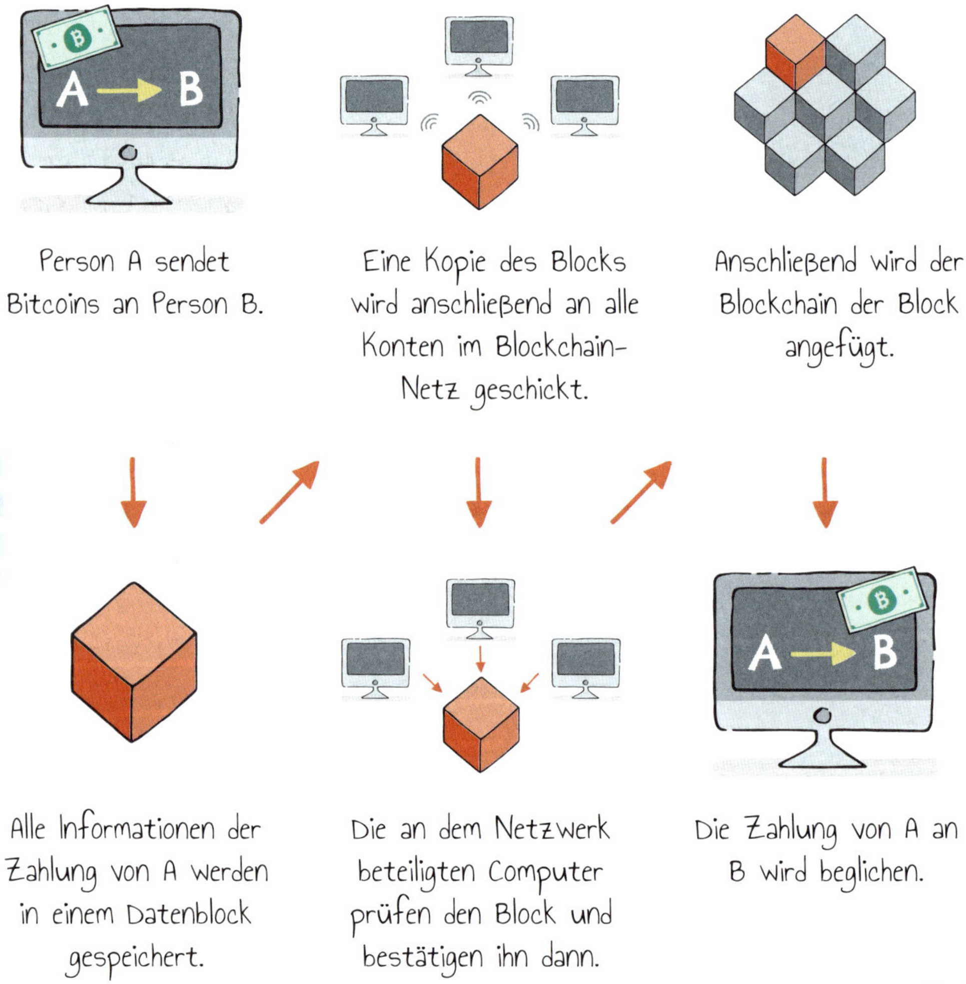

Quelle: www.myrasecurity.com/de

SIND KRYPTOWÄHRUNGEN AUCH GELD?

Im Wort Bitcoin steckt neben dem **„Bit"** auch **„Coin"**, also das englische Wort für Münze. Bedeutet das aber, dass der Bitcoin auch wirklich Geld ist?

Erinnern wir uns an die **drei Funktionen des Geldes**: Zahlungsmittel, Recheneinheit und Wertaufbewahrung. Welche dieser Funktionen erfüllt der Bitcoin (stellvertretend für die anderen, weniger bekannten Kryptowährungen)?

Als Zahlungsmittel ist der Bitcoin eher unbedeutend. Oder hast du schon einmal etwas mit einem Bruchteil eines Bitcoins bezahlt? Da dies immer noch ziemlich kompliziert und auch teuer (viel teurer als eine Banküberweisung) ist, gibt es nur sehr wenige Überweisungen auf Bitcoin-Basis. Das heißt natürlich nicht, dass es in Zukunft nicht mehr Bitcoin-Überweisungen geben wird.

Die Funktion des Bitcoins als Recheneinheit ist noch weniger entwickelt. Bislang sind es immer noch die jeweiligen Währungen der einzelnen Länder, also der Euro, der Schweizer Franken, der US-Dollar usw., in denen praktisch alle Menschen rechnen und in denen sie die Werte der verschiedenen Güter miteinander vergleichen. In Bitcoin rechnet dagegen niemand, den wir kennen. Kennst du jemanden?

Und was ist mit der Bedeutung des Bitcoins (oder anderer Kryptowährungen) als Mittel der **Wertaufbewahrung**? Er tritt hier neben Aktien, Anleihen, Gold und andere Anlageformen. Aktien und Anleihen versprechen eine regelmäßige Rendite durch Dividenden und Zinszahlungen, der Bitcoin nicht. Aber damit steht er genauso da **wie Gold**: Auch Gold bringt keine Zinsen, sondern hat einfach „nur" seinen Wert, der zwar schwankt, aber über die Jahrhunderte hinweg doch relativ beständig war. Gold als Mittel zur Wertaufbewahrung ist unbestritten. Das liegt zum Teil daran, dass die Menge an Gold auf (und in) dem Planeten Erde begrenzt ist, zum Teil auch am Glauben der Menschen an die Wertbeständigkeit des Goldes gerade in politisch unruhigen Zeiten.

Auch die Menge an Bitcoins ist begrenzt, denn diese werden ja im Computer erzeugt und der Bitcoin ist so programmiert, dass es nur eine bestimmte Anzahl an Bitcoins geben kann (nämlich rund 21 Millionen). Die Menge an Bitcoins kann also nicht unbegrenzt erweitert werden, wie es bei Euros oder Dollars der Fall ist. **Das spricht dafür, dass der Bitcoin zur Wertaufbewahrung taugt.** Andererseits steht nicht fest, ob der Bitcoin immer Menschen findet, die ihn haben wollen oder akzeptieren. Deshalb kam es in der Vergangenheit auch öfter zu starken – sehr starken – Schwankungen des Bitcoin-Preises. Auch das hat er mit Gold gemeinsam.

In den nächsten Jahren wird sich herausstellen, ob der Bitcoin sich als Mittel der Wertaufbewahrung behaupten kann oder wieder an Bedeutung verliert. Weniger wahrscheinlich ist aus heutiger Sicht, dass er sich als Zahlungsmittel oder Recheneinheit durchsetzt. Aber auch andere neue Technologien haben zum Teil Jahrzehnte gebraucht, bis all ihre Vorteile zur Geltung kamen. Wer weiß, was aus dem Bitcoin (oder anderen Kryptowährungen) und der Blockchain in zehn oder zwanzig Jahren geworden ist?

SIND KRYPTOWÄHRUNGEN SICHER?

Kryptowährungen wurden mit dem Anspruch entwickelt, sicherer zu sein als andere „Währungen". Gerade durch die Blockchain ist es angeblich praktisch unmöglich, eine Kryptowährung zu stehlen oder andere krumme Geschäfte mit ihr zu machen.

Trotzdem ist auch eine Kryptowährung nicht hundertprozentig sicher. Zunächst einmal musst du dir die **Preisschwankungen** des Bitcoins – egal ob in Euro oder in Dollar – ansehen. Du hättest in den letzten Jahren sehr viel Geld damit gewinnen, aber auch verlieren können, abhängig von den Zeitpunkten des Kaufs und Verkaufs.

Es ist sehr wahrscheinlich, dass diese Preisschwankungen auch in Zukunft auftreten werden.

Neben den Preisschwankungen trägst du als Bitcoin-Besitzer aber auch das Risiko, dass dein **Konto geplündert** wird. Verschiedene Bitcoin-Konten wurden schon überfallen und ausgeraubt. Die Räuber benutzten dazu aber keine Revolver, sondern ihre Computer. Es gibt kein Computerprogramm, das vollständig sicher vor Hackern ist. **„Cryptophishing"** ist also eine ernste Gefahr, die jedem Besitzer von Bitcoins und anderen Kryptowährungen droht.

Eine weitere Gefahr geht von den **Kryptobörsen** aus, das heißt von den Finanzunternehmen, an denen Anleger Bitcoins oder andere Kryptowährungen kaufen und verkaufen können. Bekannt wurde der Fall der Kryptobörse FTX, bei der Kundengelder von 10 Milliarden Dollar verloren gingen. Der Chef von FTX wurde inzwischen wegen Betrug zu einer Haftstrafe von 25 Jahren verurteilt. Daneben ist eine strengere gesetzliche Regelung von Kryptobörsen zu erwarten – wie nach allen anderen Skandalen und Betrügereien am Kapitalmarkt.

WAS IST EIN TOKEN?

Vielleicht hast du im Zusammenhang mit Kryptowährungen auch den Begriff „Token" gehört. Dass es mindestens zwei Bedeutungen dieses Wortes gibt, macht es nicht einfacher.

Zunächst einmal ist Token der **Sammelbegriff für alle Kryptowährungen** mit Ausnahme der größten beiden – Bitcoin und Ethereum. Daneben ist ein Token ein **Krypto-Vermögenswert, der keine eigene Blockchain als technische**

Basis hat, sondern die Blockchain einer anderen Kryptowährung mitnutzt.

Eine mögliche künftige Alternative für einen Börsengang sind Wertpapier- oder Security-Token. Sie stellen keine Währung dar, sondern Aktien oder Anleihen, die einer großen Zahl von Anlegern angeboten werden sollen.

Ein Token ist damit so etwas Ähnliches wie eine **Urkunde**, nur eben nicht aus Papier, sondern aus Bits und Bytes, die das Eigentum an etwas „verbrieft" bzw. **„tokenisiert"**. Und diese Urkunde wird nicht in einem Tresor bei einer Bank, sondern in vielen Computern in einer Blockchain verwahrt.

WAS IST EIN NFT?

Nicht in jedem Token steckt ein Finanzwert, also eine Kryptowährung oder ein elektronisches Wertpapier. Es gibt auch **Non-Fungible Tokens** (oder NFTs), die das Recht auf irgendetwas darstellen, was **einmalig** und **nicht teilbar** ist.

Non-fungible ist englisch und heißt „nicht teilbar".

Ein Beispiel: Wenn du einen Token über 0,3 Bitcoin hast, kannst du einen Teil davon verkaufen, etwa 0,1 Bitcoin, und hast dann noch 0,2 Bitcoin. Der Bitcoin ist teilbar und du musst keinen ganzen Bitcoin besitzen. Er ist daher kein NFT. Wenn du aber das Recht auf ein bestimmtes digitales Kunstwerk, etwa ein Bild, hast, kannst du diesen Token nur als Ganzes, also ungeteilt, verkaufen. Und erst besitzt du diesen Token allein, nach dem Verkauf gehört er allein dem Käufer. Das ist dann ein NFT.

NFTs kommen bislang vor allem in der **Kunst- und Unterhaltungsbranche** vor. Manche Kunstwerke erzielen sehr hohe

Preise – die aber auch oft wieder in sich zusammenfallen, wenn der Reiz des Neuen weg ist. Das erinnert dich vielleicht an die Tulpenkrise (siehe S. 20 f.)? Die Zukunft wird zeigen, ob NFTs wie Tulpen dazu dienen, mehr Schönheit in die Welt zu bringen, oder ob sie auch zu einer wirklich praktischen Anwendung kommen werden.

? DIE SPANNENDE FRAGE: WO VERSTECKT MAN EINE KRYPTOWÄHRUNG?

Wo lagert man nun seine Token? Sie sind ja schon von der Bedeutung des Wortes „Krypto" her etwas Verborgenes. Das war zumindest die ursprüngliche Idee: Alle Eigentumsverhältnisse und Verkäufe werden in der Blockchain zusammengefasst und die Ansprüche der einzelnen Besitzer werden in einer Art elektronischer Geldbörse – dem **Wallet** – verbucht. Und niemand sollte Einblick in all diese Unterlagen haben.

Das funktioniert in der echten Welt (leider?) nicht. Um Betrüger fernzuhalten, muss es gesetzliche Regeln geben. Und der Staat will seine Steuern haben, wenn man Gewinne macht oder anderes Einkommen erzielt. Die Besteuerung eines „verborgenen" Tokens ist nicht einfach. Deshalb sorgt auch der Staat dafür, dass die Token nicht mehr ganz so verborgen sind, wie es ursprünglich geplant war.

WIE ENTSCHEIDEST DU DICH FÜR (ODER GEGEN) EINE ANLAGEFORM?

Wer sein Geld sinnvoll anlegen möchte, muss sich für bestimmte Anlageformen entscheiden. Du weißt inzwischen, dass es nicht die eine allerbeste Anlageform schlechthin gibt. Vielmehr ist eine Mischung aus verschiedenen Anlageformen sinnvoll: Du solltest also Aktien **und** *Anleihen haben, aber* **auch** *ein wenig Bargeld oder Geld auf dem Girokonto. Und bei den Aktien solltest du auf verschiedene Aktien setzen, bei den Anleihen auf verschiedene Anleihen.*

So weit, so gut. Aber welche Aktien solltest du konkret kaufen und welche Anleihen? Und wie viel davon jeweils?

Das sind Fragen für fortgeschrittene und schlaue Anleger!

WIE WIRST DU EINE SCHLAUE ANLEGERIN ODER EIN SCHLAUER ANLEGER?

Es gibt kein Schulfach und keinen Studiengang „Geldanlage". Zwar wäre es sehr sinnvoll, wenn alle Schülerinnen und Schüler im Unterricht etwas über Wirtschaft lernen würden, aber Wirtschaft umfasst viel mehr als nur die Geldanlage. In vielen Bundesländern gibt es leider kein solches Fach Wirtschaft. Schade, denn das kann sehr spannend sein!

Du musst dir also selbst helfen, wenn du dein Geld schlau anlegen möchtest. Zum Glück ist das gut möglich.

Den ersten Schritt hast du bereits getan: **Du liest dieses Buch**. Damit hast du schon ein solides Grundwissen und verstehst viele Zusammenhänge. Dabei muss es aber nicht bleiben. Es gibt sehr viele andere Bücher zum Thema Geldanlage, davon einige sehr gute. Jedes Buch beleuchtet andere Aspekte und setzt andere Schwerpunkte. Es lohnt sich also, mehr als nur ein Buch zu lesen.

Bücher sind aber nicht alles. Auch im **Internet** findest du viele Informationen rund um die Geldanlage, auch für junge Leute. Es gibt aber einen großen Unterschied zwischen dem Internet und Büchern: Bei Büchern gibt es einen Verlag, der die Inhalte eines Buchmanuskripts prüft und bei Bedarf korrigiert. Auf vielen Internetplattformen kann aber jeder und jede veröffentlichen, was er oder sie gerade für richtig hält. Das können leider auch völlig falsche Sachen sein. Deshalb ist es gut, wenn du ein paar Vorkenntnisse hast und beurteilen kannst, ob die Inhalte im Internet stimmig und nachvollziehbar sind oder nicht. Und viele Blogger im Internet wollen vor allem zusätzliche Leistungen verkaufen und locken dich mit spannenden Ankündigungen an, aber wenn es interessant wird, sollst du etwas bezahlen.

Lesen allein – ob nun in Büchern oder im Internet – reicht aber nicht, um schlau zu werden. Du musst auch **Erfahrungen sammeln**.

Wer in einer Zeit ständig steigender Börsenkurse mit seinen Aktien Gewinne macht, ist natürlich erst einmal stolz auf sich und seine „Leistung". Dabei hatte er einfach nur Glück, weil er den richtigen Zeitraum erwischt hat. Wichtig ist, ob du auch bei fallenden Börsenkursen – und die gibt es auch immer mal wieder – die Nerven und die Übersicht behältst.

Wer sich einige Jahre mit der Börse befasst, einige Aufs und Abs miterlebt und miterlitten hat, der kann von sich behaupten, dass er nicht nur Wissen,

sondern auch Erfahrung hat. Das ist wie beim Fahrradfahren – das lernt man auch nicht an einem Tag und meist nicht ohne Stürze. Und wer dann bei Kursrückgängen ruhig und besonnen bleibt und nicht in Panik verfällt, der ist nicht nur schlau – der ist ein kleines bisschen weise.

WAS IST DIE OPTIMALE MISCHUNG VON ANLAGEFORMEN?

Für die optimale Mischung der Anlageformen gibt es kein Patentrezept. Für jeden Anleger und in jeder Lebensphase sieht das optimale Depot anders aus. Was bleibt, sind **die grundlegenden Eigenschaften der Anlageformen, die sich in DREI FRAGEN ausdrücken lassen:**

1. **Welche Rendite kann ich erwarten?**
2. **Welches Risiko muss ich befürchten?**
3. **Wie schnell komme ich wieder an mein Geld, wenn ich es plötzlich brauche?**

In der letzten Zeit kommt zunehmend eine vierte Eigenschaft dazu, die viele Anlegerinnen und Anleger interessiert, nämlich die Nachhaltigkeit:

4. **Arbeitet das Unternehmen hinter der Aktie oder hinter der Anleihe umweltbewusst, ist es gut zu seinen Mitarbeitern und anderen Menschen und wird es gut geführt?**

Für jede Aktie, jede Anleihe und jeden Fonds ergeben sich andere Antworten auf diese Fragen. Und jeder Anleger und jede Anlegerin wird die Fragen etwas anders beantworten. Wenn du dein Geld anlegen möchtest, musst du dir diese Fragen auch stellen. Eine gute Mischung der Anlageformen sollte von allem etwas bieten: die Chancen auf hohe Renditen bei mäßigem Risiko und außerdem eine gewisse Liquidität, das heißt kurzfristig verfügbare Geldsummen auf Konten.

Du kommst dieser guten Mischung schon sehr nahe, wenn du einige ganz einfache Regeln beachtest:

- **Verschiedene Aktien aus unterschiedlichen Branchen kaufen**
- **Oder gleich in einen breit streuenden Fonds oder in ETFs investieren (das heißt: nicht in einen Fonds, der nur in eine bestimmte Branche investiert)**
- **Auch ein paar Anleihen von unterschiedlichen Unternehmen oder Ländern sollten dabei sein.**
- **Damit man immer ein wenig Geld für unvorhergesehene Ausgaben hat, ist ein Girokonto mit einer Reserve darauf sinnvoll.**

Man kann mit komplizierten mathematischen Methoden ausrechnen, was unter bestimmten Annahmen das wirklich optimale Depot ist. Das ist aber nicht nötig, denn wichtig ist vor allem, dass du überhaupt ein **breit gestreutes Depot** hast. Damit kannst du dein Anlagerisiko schon sehr stark vermindern und es kostet dich nicht viel.

WIE VIEL ZEIT BRAUCHST DU FÜR DEINE GELDANLAGE?

Viele Menschen glauben, dass man für die Geldanlage sehr viel Zeit benötigt: Man muss – so die Befürchtung – ständig den Wirtschaftsteil der Tageszeitung lesen (was eigentlich jedem und jeder sehr zu empfehlen ist), muss im Internet permanent die Kurse der Aktien verfolgen und immer schauen, ob die Unternehmen wichtige Nachrichten veröffentlichen. Und dann muss man sich dauernd mit der Frage befassen, ob man umschichtet, das heißt: bestimmte Anlagen verkauft und dafür neue Anlagen hinzukauft.

Das kannst du natürlich machen. Musst du aber nicht. **Solltest du auch nicht.**

Viele wissenschaftliche Untersuchungen haben nämlich ergeben, dass Depots, die sehr oft geändert werden, keine höhere Rendite erzielen als Depots, die nur sehr wenig geändert werden. Das liegt daran, dass der mögliche Vorteil eines Wechsels von Aktien meistens geringer ist als die Kauf- und Verkaufsgebühren, die du als Anleger bei einer Umschichtung zahlen musst. Ob die neue Aktie nämlich besser ist als die alte, weiß man in den meisten Fällen vorher nicht sicher, man kann es nur versuchen. Auch hierzu gibt es an der Börse einen Spruch: **„Hin und her macht Taschen leer!"**

Du kannst also beruhigt sein. Für eine vernünftige Geldanlage brauchst du **nicht** sehr viel Zeit. Du musst dir einmal die Zeit nehmen, sie einzurichten, und dann ab und zu mal nachsehen, ob vielleicht doch eine Umschichtung sinnvoll wäre. Dabei die täglichen Nachrichten über die Wirtschaft grob zu verfolgen, ist nicht verkehrt – aber „nebenbei" reicht völlig aus.

Ein sehr berühmter Börsenexperte, André Kostolany, hat einmal gesagt:

> „Kaufen Sie Aktien, nehmen Sie Schlaftabletten und schauen Sie die Papiere nicht mehr an. Nach vielen Jahren werden Sie sehen: Sie sind reich."

Das ist natürlich eine sehr extreme Einstellung, denn manche Aktien muss man schon mal austauschen. Aber im Kern besagt dieses Zitat etwas Richtiges: Man kann mit der Geldanlage Erfolg haben, ohne sich in jeder freien Minute damit befassen zu müssen.

DAS WICHTIGSTE: WAS MACHST DU MIT DEINEM ERSPARTEN UND DESSEN ERTRÄGEN?

Aus Geld noch mehr Geld zu machen, ist natürlich schön. Es ist aber kein Selbstzweck. **Geld kannst du nicht essen wie einen Hamburger oder ein Eis**, Geld kannst du nicht lesen wie ein Buch, Geld kann einem nicht das gleiche Erlebnis bieten wie ein Kinofilm, eine Theateraufführung oder ein Urlaub. All diese Dinge haben aber eines gemeinsam: Man kann sie für Geld kaufen (vieles andere jedoch nicht!).

Wenn du sparst und Geld anlegst, solltest du also eine Idee haben, wofür du sparst. Meistens gibt es mehrere Sparziele nebeneinander: Du willst in diesem

Jahr in den **Urlaub** fahren, du willst dir in einigen Jahren ein **Auto** kaufen (oder ein teures Fahrrad) oder du willst (jetzt schon?) ein paar Euro für deine **Altersvorsorge** anlegen.

Was diese Sparziele unterscheidet, ist die Frist oder der Anlagehorizont: In diesem Jahr, in einigen Jahren, im Alter (also in einigen Jahrzehnten) willst du dein Erspartes samt Erträgen wieder ausgeben. An diese Zeiten sollte deine Vermögensstruktur angepasst sein: **Je kurzfristiger, desto mehr Anleihen und desto mehr Geld auf dem Girokonto; je langfristiger, desto höher sollte der Aktienanteil sein.**

Wenn du kein genaues Sparziel hast, kannst du trotzdem Geld anlegen. Dann hast du eine Reserve für spätere Zeiten, falls du mal unvorhergesehen etwas brauchst. Und manche sparen so viel in ihrem Leben, dass sie das Geld gar nicht mehr ausgeben können.

Du weißt sicher, wofür du sparst, oder?

DIE SPANNENDE FRAGE: WIE WIRST DU MILLIONÄRIN ODER MILLIONÄR?

Es gibt einen Witz: „Wie macht man an der Börse ein kleines Vermögen? Indem man ein großes investiert!" Dieser Witz spielt mit dem Vorurteil, eine Anlage an der Börse sei immer sehr gefährlich und führe unweigerlich zu Verlusten. Das stimmt aber nicht.

Theoretisch kann man durch Sparen und Geldanlage eine Million Euro ansparen. Das dauert natürlich ein bisschen, je nachdem, mit welchem Betrag man anfängt. Für Aktien gilt die Faustregel, dass der Wert eines breit gestreuten Depots sich etwa alle zehn Jahre verdoppelt. Das entspricht einer durchschnittlichen Rendite von sieben Prozent im Jahr.

Wenn du also mit 65 Jahren eine Million Euro haben willst, musst du

* 10 Jahre vorher 500.000 Euro haben,
* 20 Jahre vorher 250.000 Euro,
* 30 Jahre vorher 125.000 Euro und
* 40 Jahre vorher 62.500 Euro.

Mit 25 Jahren hast du wahrscheinlich noch keine 62.500 Euro, die du in Aktien anlegen kannst. Aber zum Glück kannst du auch durch regelmäßige Einzahlungen über einen längeren Zeitraum dein Ziel erreichen, eine Million Euro zu besitzen. Wahrscheinlicher ist aber, dass du das Geld vorher zumindest zum Teil ausgibst. Denn Geld einfach nur zu haben, macht nicht wirklich glücklich – wohl aber die schönen oder guten Dinge, die man damit tun kann.

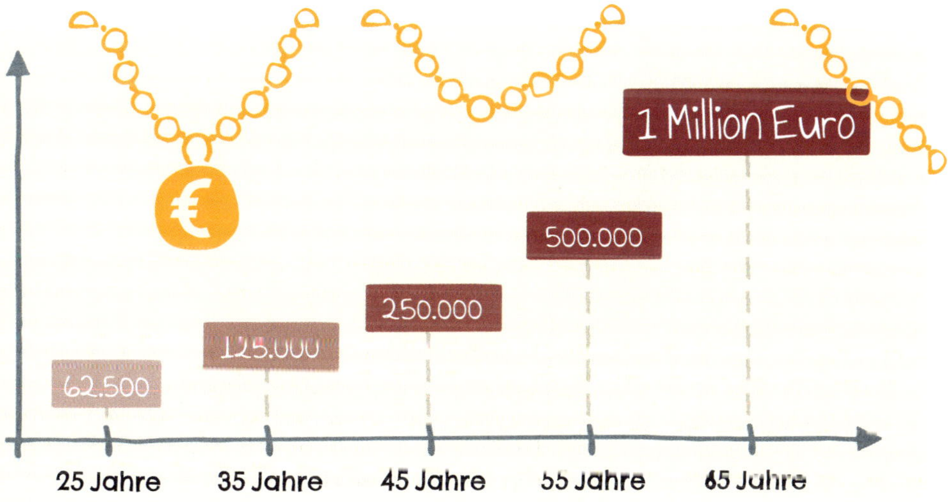

WAS DICH VIELLEICHT AUCH NOCH INTERESSIERT

In diesem Buch haben wir viele Fragen über Geld und Finanzen behandelt. Im letzten Kapitel sprechen wir noch ein paar Themen an, die auch wichtig sind, wenn man etwas über Geld wissen möchte.

WAS WAR DER SCHWARZE FREITAG 1929?

Der Schwarze Freitag war eigentlich ein **Schwarzer Donnerstag.** Am 24. Oktober 1929 sanken an der New Yorker Börse in den USA die Aktienkurse extrem stark. Grund dafür war eine Kursblase, die sich in den Jahren vorher aufgebaut hatte.

Die Wirtschaft war durch die Folgen des Ersten Weltkriegs von 1914 bis 1918 so stark erschüttert worden, dass sie selbst bis 1929 noch kein richtiges neues Gleichgewicht gefunden hatte. Nach der Übertreibung der Aktienkurse nach oben folgte nun ein regelrechter Absturz. Der **Kursrückgang** setzte zwar schon im September 1929 ein, aber am sogenannten „Schwarzen Donnerstag" war er besonders stark. Weil viele Anleger ihre Aktien auf Pump gekauft hatten, mussten sie nun zu niedrigen Kursen verkaufen, weil die Kreditgeber ihr Geld zurückhaben wollten. Das verstärkte die Kursrückgänge nochmals – es wurde immer schlimmer.

Bei der Telegrafie werden Nachrichten mithilfe von Morsezeichen übermittelt.

Die Kommunikationsverbindungen waren 1929 ganz andere als heute. Vom Internet träumte noch nicht einmal jemand. Die schnellste – und sehr teure – Verbindung lief über das **Telefon**, das seit 1927 Nordamerika und Europa via Funk miteinander verband. Hauptsächlich nutzte man damals noch die **Telegrafie**, für die quer über den Atlantik Kabel auf dem Meeresboden verlegt worden waren.

Die Nachrichten vom Börsencrash am Schwarzen Donnerstag standen deshalb erst am **Freitag** in den europäischen Zeitungen. Daraufhin brach auch hier eine Panik aus und viele Anleger wollten ihre Aktien um jeden Preis verkaufen. Viele Anleger, die ihre Aktien durch Kredite finanziert hatten, **verloren ihr gesamtes Vermögen**.

Das war schlimm, aber noch viel schlimmer war, dass viele Unternehmen in der ganzen Welt in Schwierigkeiten gerieten, Arbeitskräfte entlassen und ihren Betrieb ganz einstellen mussten. 1932 betrug die **Arbeitslosenquote** in Deutschland fast 31 Prozent und es kam zu weit verbreitetem Massenelend. Dass die demokratischen Parteien das Problem nicht lösen konnten, ebnete den **Nationalsozialisten** unter Adolf Hitler den Weg an die Macht, was schließlich zur Katastrophe des **Zweiten Weltkriegs** führte.

Unter der Führung **Adolf Hitlers** errichtete die Nationalsozialistische Deutsche Arbeiterpartei (**NSDAP**) 1933 in Deutschland eine grausame Herrschaft: Viele Gegner und Andersdenkende wurden verfolgt und brutal ermordet. In sogenannten Konzentrationslagern brachten die Nationalsozialisten viele Millionen wehrlose Menschen um, die sie für „minderwertig“ hielten.
1939 begann Deutschland den **Zweiten Weltkrieg**, um mehr „Lebensraum“ für die Deutschen zu erobern. Der Krieg dauerte knapp sechs Jahre und kostete mehr als 60 Millionen Menschen das Leben. Er endete 1945 und mit ihm auch der **Nationalsozialismus**.

Daraus hat man gelernt. Die Wirtschaftswissenschaftler und Politiker wissen heute viel mehr über die Zusammenhänge zwischen Börse, Wirtschaft und Staat. Sie versuchen, ähnliche Crashs wie am Schwarzen Freitag zu verhindern oder zumindest die Folgen so zu mindern, dass nicht die ganze Bevölkerung in Mitleidenschaft gezogen wird und radikale Parteien an Bedeutung gewinnen. Du siehst: **Auch wenn es scheinbar „nur um Geld" geht, geht es immer auch um Menschen und ihre Schicksale.** Deshalb ist es gut, etwas von Geld zu verstehen.

SIND SCHULDEN UND KREDITE DAS GLEICHE?

Wenn du einen Kredit aufnimmst, hast du Schulden bei demjenigen, der dir den Kredit gewährt hat. Du kannst mit dem geliehenen Geld etwas machen, zum Beispiel ein Auto kaufen oder Möbel für die Wohnung. Aber du musst regelmäßig die vereinbarten Zinsen zahlen und auch das geliehene Geld selbst zurückgeben.

Jedem Kreditnehmer steht ein Kreditgeber gegenüber, der den Kredit gewährt hat. **Kreditgeben** und **Kreditnehmen** sind wie zwei Seiten der gleichen Medaille.

Manchmal hat jemand beide Rollen. Eine Bank zum Beispiel leiht sich Geld von den Sparern, die etwas auf ihr Sparbuch oder ihr Konto einzahlen, und verleiht es weiter an andere, die einen Kredit brauchen. Sie nimmt etwas höhere Zinsen von ihren Kreditnehmern, als sie selbst ihren Kreditgebern zahlt. Von der Differenz bezahlt die Bank ihre eigenen Kosten und trägt das Risiko, falls einer ihrer Kreditnehmer den Kredit doch nicht zurückzahlt.

WAS BEDEUTET „VERPFLICHTUNGEN" IM ZUSAMMENHANG MIT GELD?

Wer zu etwas verpflichtet ist, der muss etwas tun. Du bist vielleicht verpflichtet, deine Hausaufgaben zu machen oder zu Hause zu helfen. Das sind deine Pflichten oder „Verpflichtungen".

So etwas gibt es auch beim Geld. Wer eine Verpflichtung hat, der hat **Schulden**. Der Schuldner ist verpflichtet, diese Schulden zum vereinbarten Zeitpunkt zurückzuzahlen, und zahlt bis dahin auch regelmäßig Zinsen auf die Schulden. Das bedeutet, dass er „seinen Verpflichtungen nachkommt". Und wenn er den Kreditbetrag zurückgezahlt hat, hat er **„seine Verpflichtungen erfüllt"** oder **„beglichen"**.

Auf der anderen Seite, beim Kreditgeber, heißt die gleiche Schuld **„Forderung"**. Der Kreditgeber fordert nämlich vom Kreditnehmer Zinsen und die Rückzahlung. Und wenn der Kredit zurückgezahlt wurde, sind natürlich **„alle Forderungen beglichen"**.

WAS BEDEUTET INSOLVENZ?

Unternehmen können in die Insolvenz gehen. Man sagt dann auch, sie gehen **in Konkurs** oder sie machen **Bankrott**. Das ist nicht gut, aber manchmal unvermeidbar.

Nicht jedes Unternehmen macht Gewinn und kann wachsen, neue Arbeitskräfte einstellen, Dividenden ausschütten usw. Bei manchen Unternehmen sind die

Kosten so hoch oder die Nachfrage der Kunden ist so gering, dass sie keinen Gewinn, sondern Verlust machen. Dann ist es sinnvoll, ein Unternehmen zu schließen, denn wenn es auf Dauer mehr kostet, als es einbringt, kann man die Arbeit und das Material im Unternehmen ja besser für etwas anderes einsetzen, das die möglichen Kunden wirklich interessiert.

Viele Unternehmen schaffen es aber nicht, ihre Geschäftstätigkeiten rechtzeitig zu beenden. Oft versucht der Unternehmer bis zum letzten Augenblick, seine Firma zu retten. Dann kann es passieren, dass er immer mehr und mehr Schulden aufnimmt, sodass am Ende die Schulden höher sind als der Wert der gesamten Fabrikgebäude, Maschinen und Kontoguthaben. Dann ist das Unternehmen **überschuldet**. Oder die laufenden Kosten sind so hoch, dass die Einnahmen aus Produktverkäufen nicht mehr ausreichen, alle Gehälter und anderen Kosten zu zahlen. Die Kasse ist dann irgendwann leer. Dann ist das Unternehmen **nicht mehr „flüssig"**, also nicht mehr liquide. Diesen Zustand nennt man **Illiquidität**.

Überschuldung und Illiquidität sind die beiden Gründe, aus denen ein Unternehmen in die Insolvenz gehen kann. Dann wird vom Gericht ein **Insolvenzverwalter** eingesetzt, der dafür sorgt, dass so viele Schulden wie möglich bezahlt werden. Wenn er sich mit den Gläubigern einigt, dass ein bestimmter Teil der Schulden erlassen wird, kann das Unternehmen vielleicht sogar weiter bestehen. Das gelingt aber nicht immer. Dann verschwindet das Unternehmen ganz.

In einer Marktwirtschaft ist es völlig normal, dass nicht alle Geschäftsideen erfolgreich sind. Manche Produkte sind auch nur eine Zeit lang erfolgreich, werden dann aber durch bessere oder modernere ersetzt. Das kann schnell gehen. Dir wird das wahrscheinlich nicht viel sagen, aber frag deine Eltern doch mal nach **Videokassetten**!

Früher gab es in fast jeder Familie einen Videorecorder, mit dem sie abgespielt werden konnten – heute gibt es Netflix ...

Wenn die Unternehmer da nicht sehr aufpassen, um immer aktuell zu bleiben, bekommen sie schnell Probleme. Das ist nicht sehr gemütlich für die Unternehmer, aber sie werden ja auch nicht fürs Nichtstun belohnt, sondern dafür, dass sie immer wieder etwas Neues **„unternehmen“**.

WAS SIND STEUERN UND WER MUSS STEUERN BEZAHLEN?

Steuern! Steuern sind ein riesiges und aufregendes Thema. Auch deine Eltern regen sich bestimmt ab und zu über die Steuern auf, die sie bezahlen müssen. Aber wozu sind Steuern überhaupt da?

Wir leben alle in einem Staat. Der **Staat** und die von ihm getragenen Sozialversicherungssysteme bieten **viele Leistungen** an, die es sonst nicht oder nicht so gut gäbe. Dazu gehören zum Beispiel Straßen und Autobahnen, Kanäle und Eisenbahntrassen, Schulen und Universitäten, aber auch die Soziale Sicherheit mit dem Rentensystem, der Arbeitslosen- und der Krankenversicherung, die Innere Sicherheit mit Polizei und Gerichten und die Äußere Sicherheit mit der Bundeswehr.

Um diese sehr wichtigen Leistungen zu finanzieren, erhebt der Staat Steuern, Gebühren und Beiträge. Oft nimmt er auch Kredite hierfür auf. **Die Steuern sind dabei die bei Weitem wichtigste Finanzierungsquelle des Staates.**

Der wichtigste Unterschied zwischen einer Steuer und einem Preis ist, dass der Preis für eine ganz konkrete Sache bezahlt wird, und zwar nur dann, wenn du diese Sache tatsächlich und freiwillig kaufst.

Die Steuer fließt aber allgemein in den Staatshaushalt und sie ist nicht freiwillig. Egal, ob du die Polizei oder ein Gericht jemals in deinem Leben brauchst – du finanzierst diese mit deinen Steuern mit. Und wenn du sie brauchst, sind die Beamten da.

Steuern werden normalerweise auf zwei Dinge erhoben: auf dein **Einkommen** und auf deinen **Verbrauch**. Wenn deine Eltern arbeiten, zahlen sie von ihrem Gehalt Steuern und Beiträge für die Sozialversicherung. Wenn du mit deinen Geldanlagen Gewinn machst, gilt dieser Gewinn als Einkommen und du musst sie auch versteuern (keine Angst – erst ab einer gewissen Höhe, die du zu Anfang wahrscheinlich gar nicht erreichst). Und wenn ihr für eure Wohnung Miete zahlt, muss der Vermieter von diesem Einkommen aus den Mietzahlungen auch Steuern bezahlen.

Neben den Steuern auf Einkommen gibt es noch die Steuern auf den Verbrauch. Die wichtigste Steuer ist hier die **Mehrwertsteuer**. Sie bewirkt, dass ein Verbraucher in Deutschland für jedes Produkt 19 Prozent seines Kaufpreises an Steuern zahlt. Für bestimmte Güter, vor allem Nahrungsmittel, sind es nur 7 Prozent. In Österreich liegt der Mehrwertsteuersatz bei 20 Prozent, daneben gibt es ermäßigte Steuersätze für bestimmte Produkte von 13 und 10 Prozent. In der Schweiz ist es günstiger: Hier beträgt der Mehrwertsteuersatz 8,1 Prozent, die ermäßigten Steuersätze 2,6 und 3,8 Prozent.

Das klingt alles kompliziert und ist es auch. Zum Glück wird die Mehrwertsteuer aber vom Verkäufer einbehalten und an das Finanzamt abgeführt. Als Kunde musst du die Steuer also zahlen, aber die Arbeit damit hat der Händler. Auch Zinsen und Gewinne gelten als Einkommen und müssen daher versteuert werden. Das gefällt den meisten Anlegern eher weniger (verständlicherweise).

> Es wäre ein **schwerer Fehler**, seine Geldanlage nur nach der Besteuerung auszurichten. **Sicherheit**, **Rendite**, **Liquidität** und die **Umweltverträglichkeit** der Geldanlage sollten im Vordergrund stehen. Wer nur auf Steuervermeidung achtet, schadet sich am Ende selbst, und zwar doppelt: durch weniger Rendite und einen ärmeren, weniger leistungsfähigen Staat.

WAS SIND VERSICHERUNGEN UND WELCHE SIND WIRKLICH WICHTIG FÜR DICH?

Fast jeder Mensch hat eine – oder sogar mehrere – Versicherungen. Auch die haben mit Geld zu tun, manchmal sogar mit sehr viel Geld. Aber wofür braucht man eine Versicherung?

Stell dir vor, du hast ein Auto und verursachst eines Tages einen Unfall, bei dem ein anderes Auto beschädigt wird. Oder du bist bei einem Freund zu Besuch und setzt dich aus Versehen auf die teure Brille seiner Mutter. In beiden Fällen musst du den Schaden, den du verursacht hast, bezahlen. **Das kann teuer werden!** Vom Taschengeld allein ist das kaum zu stemmen.

In einem solchen Fall hilft eine Versicherung. Alle Autobesitzer zahlen zum Beispiel Geld in eine Autohaftpflichtversicherung ein. Für jeden ist es nur eine kleine Summe, aber aus der Gesamtheit aller Einzahlungen (oder Versicherungsprämien, wie es auch heißt) lassen sich die Schäden, die durch Unfälle verursacht werden, bezahlen. Da es rasante und weniger rasante Autofahrer gibt (und die weniger rasanten verursachen weniger Unfälle), sind die Prämien für die Autohaftpflicht gestaffelt: Wer lange Zeit keinen Unfall verursacht hat, zahlt weniger, wer mehr Unfälle verursacht, zahlt auch mehr.

Autos können so große Schäden verursachen, dass jeder Autobesitzer versichert sein muss, sonst darf das Auto gar nicht fahren. Eine kaputte Brille wird dagegen von der Privathaftpflichtversicherung bezahlt. Die ist freiwillig, aber trotzdem sehr empfehlenswert.

Man kann sich noch gegen viele andere Gefahren versichern, zum Bespiel gegen Feuer und Wasserrohrbrüche, Hagel- und Sturmschäden und vieles mehr. **Fußballer und Balletttänzerinnen können ihre wichtigsten Körperteile, ihre Beine, gegen Unfälle versichern.**

Welche Versicherungen du wirklich brauchst, musst du gut überlegen. Es macht ja keinen Sinn, sich gegen ein Risiko zu versichern, das nie eintreten wird.

Wichtig sind auf alle Fälle Versicherungen gegen Krankheit, weil die Rechnungen für Ärzte und für das Krankenhaus sehr hoch werden können. Deshalb muss praktisch jeder und jede eine **Krankenversicherung** haben – man ist „pflichtversichert". Du bist sehr wahrscheinlich über deine Mutter oder deinen Vater mitversichert.

Auch für das eigene **Alter** kann (und muss) man sich versichern. Das verhindert (leider) nicht, dass man alt wird, aber man hat dann wenigstens auch im Alter genug Geld zum Leben, wenn man nicht mehr arbeiten geht.

Du siehst schon, es gibt echt viele Versicherungen – manche hättest du dir gar nicht vorstellen können und nicht alle brauchst du wirklich. Wichtig für dich ist, das Grundprinzip von Versicherungen im Kopf zu behalten: Das ist die **Risikoverteilung auf viele Schultern**. Sehr viele Menschen zahlen einen kleinen Betrag, um sich gegen ein bestimmtes Risiko abzusichern, wie zum Beispiel den Autounfall, den wir oben beschrieben haben. Tritt das Risiko ein, wird der entstandene Schaden aus dem gesammelten Geld aller Versicherungsnehmer beglichen.

Für den Einzelnen bleibt dann „nur" der erste Schreck über den Unfall, aber keine finanzielle Katastrophe. Nicht versichert zu sein, kann ganz schön teuer werden. **Sich richtig zu versichern, gehört zum guten Umgang und zum Verständnis von Geld dazu.**

Und von Geld verstehst du ja nun, da dieses Buch zu Ende ist und dir hoffentlich gefallen hat, eine ganze Menge!

GLOSSAR

Aktie: Wertpapier, das seinem Besitzer, dem Aktionär, bescheinigt, dass er einen bestimmten Anteil an einem Unternehmen besitzt

Aktiengesellschaft (AG): Viele große, aber auch kleine Unternehmen sind Aktiengesellschaften, kurz AGs. Indem eine AG Anteile in Form von Aktien verkauft, gelangt sie an Kapital, das sie beispielsweise für neue Maschinen oder neue Entwicklungen benötigt.

Anleihe: Wertpapier, das seinem Besitzer bescheinigt, dass er einem Unternehmen, einer öffentlichen Organisation oder dem Staat Geld geliehen, also einen Kredit gegeben und ein Recht auf die Rückzahlung des Geldes sowie auf Zinsen hat. Wer eine Anleihe kauft, wird dadurch zum Kreditgeber (Gläubiger). Anleihen können ebenso wie Aktien an der Börse gehandelt werden.

Angebot: Die Menge an einem Gut, die am Markt zu einem bestimmten Preis zur Verfügung steht. Im Normalfall gilt: Je höher der Preis, desto mehr wird von diesem Gut angeboten.

Banken: Unternehmen, die unterschiedliche Dienstleistungen rund ums Geld erbringen. Beispielsweise verwahren sie das Geld ihrer Kundinnen und Kunden, sie verleihen Geld, vergeben also Kredite, sie wechseln Geld in verschiedene Währungen, sie organisieren den bargeldlosen Zahlungsverkehr und sie erbringen Leistungen für den Handel mit Wertpapieren.

Bilanz: Übersicht, wie ein Unternehmen Kapital verwendet (Vermögensbestandteile) und woher das Kapital kommt (Mittelherkunft)

Bitcoin: Die derzeit bekannteste Kryptowährung

Bonität (oder auch Kreditwürdigkeit): Beschreibt die Einschätzung des Kreditgebers über die Fähigkeit und Bereitschaft eines Kreditnehmers (Schuldners), einen erhaltenen Kredit inklusive Zinsen zurückzuzahlen

Börse: Ort, an dem Waren, Rohstoffe oder Wertpapiere gehandelt werden; die Frankfurter Börse ist Deutschlands größte Wertpapierbörse.

Buchgeld: Geld, das nicht als Bargeld vorliegt (in Münzen oder Scheinen), sondern bei Banken auf einem Konto verbucht ist

Debitkarte: Bankkarte, mit der man am Bankautomaten Geld abheben und in vielen Geschäften und Gaststätten bargeldlos zahlen kann

Deutsche Bundesbank: Zentralbank der Bundesrepublik Deutschland, die unter anderem den Geld- und Zahlungsverkehr regelt, die Finanzreserven des Staates verwaltet und die deutschen Banken beaufsichtigt

Deutscher Aktienindex (DAX): Gibt wie ein Fieberthermometer die Entwicklung der Werte der größten deutschen Aktien an und wird laufend neu ermittelt

Devisen: Bankguthaben, die in einer anderen Währung als der eigenen geführt werden

Dividende: Der Gewinn einer Aktiengesellschaft, der an die Aktieninhaber (Aktionäre) verteilt wird

Einlagen: Geldbeträge, die auf ein Bankkonto eingezahlt wurden

Euro: Gemeinsame Währung der Staaten der Eurozone

Europäische Zentralbank (EZB): Währungsbehörde aller Mitgliedsstaaten der Europäischen Wirtschafts- und Währungsunion (EWWU); die EZB legt den Leitzins fest und sorgt dafür, dass der Wert des Euro stabil bleibt. Ihren Sitz hat die EZB in Frankfurt am Main.

Fonds: Ein Fonds bündelt verschiedene Wertpapiere in einem Topf. Mehrere Anleger und Anlegerinnen zahlen Geld in diesen Topf und können so unkompliziert Anteile an verschiedenen Wertpapieren erwerben.

Geldfunktionen: Geld erfüllt drei Aufgaben oder Funktionen: Es ist Zahlungsmittel, dient als Recheneinheit und wird zur Wertaufbewahrung genutzt.

Gewinn: Wenn jemand durch den Verkauf einer Ware oder Dienstleistung mehr einnimmt, als er oder sie dafür ausgegeben hat

Giralgeld: Buchgeld, das durch Überweisungen von einem Girokonto auf andere übertragen wird

Girokonto: Das am meisten genutzte Konto; es wird für den bargeldlosen Zahlungsverkehr, für Barzahlungen und andere Bankgeschäfte genutzt. Bei Erwachsenen geht dort üblicherweise das Gehalt ein.

Hausse: Eine Phase sehr stark steigender Kurse an der Börse

Inflation: Wenn das Geld an Wert, man sagt auch: an „Kaufkraft", verliert und die Preise im Durchschnitt ansteigen

Kapital: Anderes Wort für Geld, Vermögen oder Guthaben

Konto: In einem Konto bei einer Bank wird vermerkt, man sagt: „verbucht", wie viel Guthaben der Kontobesitzer hat und welche Ein- und Auszahlungen es gibt. Es gibt verschiedene Arten von Konten, das Girokonto ist das am meisten genutzte.

Kredit: Geld, das sich jemand bei einem anderen Menschen oder bei einer Bank leiht; der Kreditnehmer (Schuldner) verpflichtet sich, das geliehene Geld bis zu einem vereinbarten Zeitpunkt an den Kreditgeber (Gläubiger) zurückzuzahlen. Für das Verleihen von Geld verlangen die Geldgeber üblicherweise Zinsen.

Kryptowährung: Digitales, also computerbasiertes System, das anonyme Zahlungen im Internet ermöglicht und keine Banken erfordert; zu den bekanntesten Kryptowährungen zählt der Bitcoin. Im Gegensatz zum Euro oder US-Dollar schwankt der Wert von Kryptowährungen stark, sie werden zudem kaum im Alltag genutzt und erfüllen daher nicht die üblichen Geldfunktionen.

Leitzins: Zinssatz, den eine Zentralbank für Kredite festlegt, die sie an andere Banken vergibt; ändert sich die Höhe des Leitzinses, hat das Einfluss auf andere Zinssätze, wie zum Beispiel für festverzinsliche Wertpapiere. Die Zentralbank kann daher mithilfe des Leitzinses den Wert des Geldes und die Wirtschaftslage beeinflussen.

Liquidität: Zahlungsfähigkeit, also die Fähigkeit, schnell auf sein Geld in Form von Bar- oder Buchgeld zugreifen zu können

Markt: Realer oder virtueller (am Computer erzeugter) Ort, an dem man etwas kaufen kann, zum Beispiel im Supermarkt, auf dem Wochenmarkt, aber auch im Internet

Nachfrage: Die Absicht, bestimmte Güter oder Waren zu erwerben. Je höher der Preis eines Gutes, desto geringer ist im Normalfall die Nachfrage nach diesem Gut.

Notenbank: Staatliche Institution, die unter anderem für den Druck, also die Herstellung, und die Ausgabe von Geldscheinen in der jeweiligen Währung zuständig ist. Die wichtigste Aufgabe der Notenbank ist aber die Preisstabilität, also die Vermeidung von Inflation durch eine entsprechende Geldpolitik.

Preis: Der Wert einer Ware oder Dienstleistung, ausgedrückt in Geldeinheiten, zum Beispiel in Euro

Rendite: Der Ertrag, den angelegtes Geld in einem bestimmten Zeitraum erzielt; die Rendite wird in der Regel in Prozent pro Jahr angegeben.

Rente: Anderes Wort für festverzinsliche Wertpapiere (Anleihen); außerdem wird das gesetzliche Alterseinkommen als „Rente" bezeichnet.

Schulden: Wer einen Kredit aufnimmt, hat Schulden bei demjenigen, der ihm den Kredit gewährt hat. Das bedeutet, dass man dem Kreditgeber die Rückzahlung des geliehenen Geldes und Zinsen schuldet.

Sparen: Geld aufbewahren, zum Beispiel im Sparschwein oder auf einem speziellen Bankkonto, dem Sparkonto

Steuern: Geldzahlungen der Bürgerinnen und Bürger an den Staat, die dieser für Aufgaben zum Wohle aller Bürgerinnen und Bürger verwendet

Taschengeld: Geld, das Kinder und Jugendliche von ihren Eltern bekommen

Unternehmen: Eine Firma oder Einzelperson, die für Geld etwas herstellt oder eine Dienstleistung erbringt

Währung: Geld, das in einem bestimmten Land oder einer sogenannten Währungsunion als Zahlungsmittel genutzt wird. Beispielsweise ist der Euro eine Währung, ebenso wie die Schweizer Franken, der US-Dollar und das britische Pfund.

Wechselkurs: Der Preis einer Währung, ausgedrückt in einer anderen Währung

Wertpapier: Urkunde, die dem Besitzer Rechte an einem Vermögen bescheinigt; Beispiele für Wertpapiere sind Aktien und Anleihen.

Zahlungsverkehr: Alle Zahlungsvorgänge mit Bargeld oder bargeldlos, zum Beispiel in Form von Überweisungen oder mit der Debitkarte innerhalb eines Landes (Inlandszahlungsverkehr) oder zwischen unterschiedlichen Währungsgebieten (Auslandszahlungsverkehr)

Zins: Preis für geliehenes Geld

STICHWORTVERZEICHNIS

Acharjee, Samar 19
Agio 103, 124
Aktien 82 ff., 96 f., 118 ff., 142 ff.
Aktiengesellschaft (AG) 83 f.
Aktienindex 122
Aktionär 82, 87 ff.
Amsterdamer Börse 85
Angebot 78
Anlage 70 ff.
Anlageformen 70
Anleihe 82, 96 ff.
Anleihekurs 102
Arbeitslosigkeit 30
Armut 30 f., 43
Aufgaben von Geld 10 ff., 35, 129
Aufsichtsrat 89 f.

Bank run 55
Banken 50 ff.
Bankenaufsicht 52
Banknoten 23, 32, 35
Bankrott 145
Bankwesen 34, 52
Bargeld 14, 32 f.
Bilanz 56 f.
Bitcoin 126 ff.
Blockchain 127 f.
Bonität 41
Börse 85, 107 ff.
Börsenaufsicht 113
Börsencrash 115 f., 144
Buchgeld 33, 74
Budget 37
Bundesanleihe 104
Bundesanstalt für Finanzdienstleistungsaufsicht (BaFin) 52, 71 f., 113
Bundesbank 32 f., 55 ff.
Bundesdruckerei 32
Bundeshaushalt 33
Bundesobligation 104
Bundesregierung 33

Cent-Münzen 25, 27
Cryptophishing 131

Debitkarte 14, 62
Depot 60, 63 f., 86
Deutsche Bundesbank 32
Deutscher Aktienindex (DAX) 122
Devisen 74
Dienstleistung 21
Disagio 103
Dispolimit 67
Dividende 87 ff., 98 f.
Duck, Dagobert 19

Eigenkapital 54, 56 f.
Eigentümeranlage 70
Einkommen 144 f.
Einlage 51
Einlagengeschäft 51
Einleger 55
Erster Weltkrieg 30, 142

ETF 123 f.
Euro 23, 25, 27 f., 36, 79 f.
Euro-Münzen 25 ff.
Europäische Union (EU) 79
Europäische Zentralbank (EZB) 29, 68
Euroraum 27
Euro-Sammlermünze 28
Eurozone 23, 79 f.

Falschgeld 35 f.
Ferienjob 40
Finanzmarkt 113
Finanzministerium 32, 113
Fonds 118 ff.
Fondsmanager 118 f., 122 ff.
Forderung 145

Geldanlage 63, 94, 101, 138 f.
Geldkreislauf 34
Geldschein 14, 22 f., 32 f.
Gesamtkapital 56 f.
Gesamtvermögen 57
Geschäftsbericht 91
Geschäftsfähigkeit 47, 51 f.
Gesetz 31, 35, 39 f.
Gewinn 18, 33, 82 ff.
Giralgeld 34, 53
Giro 34
Girokonto 34, 58 ff., 67
Gläubiger 70, 82, 96
Gläubigeranlage 70
Glück 45 f.
Gold 15, 22, 129 f.
Güter 9
Habenzinsen 68
Haltefrist 90
Handel 22, 108, 111 ff.
Handelsüberwachungsstelle (HÜSt) 112 f.
Hauptversammlung 88 ff.
Hausse 20 f.
Hyperinflation 30

IBAN-Nummer 59
Illiquidität 42, 146
Inflation 29 f.
Inflationsrate 99
Insolvenz 54, 145 f.
Investition 50, 85, 98

Jedermann-Konto 60
Jugendarbeitsschutzgesetz 40

Kapital 52, 54, 56 f., 83 f.
Kapitalmarkt 113 ff.
Kapitalmarkt, grauer 114
Kaufkraft 29
Kaufmannsbörse 110 f.
Kinderarbeit 39 f.
Kinderarbeitsschutzverordnung 40
Kindergarantiebetrag 43 f.
Kindergeld 43 f.
Kindergrundsicherung 43
Konkurs 145
Konto 13 f., 50 f., 58 ff., 66 ff.
Kontoarten 67
Kontoauszug 13, 62
Kontostand 59 f.
Korruption 46
Kostolany, André 139

Kredit 41, 51, 54, 63, 68, 70, 82, 142, 144 f.
Kreditgeber 41, 82, 96, 144 f.
Kreditgeschäft 51
Kreditkarte 14, 62 f., 76
Kreditnehmer 41 f., 144 f.
Kreditwürdigkeit 41, 54
Kryptobörse 131
Kryptowährung 126 ff.
Kurs 88, 90 ff., 102 f., 112, 114 ff., 120, 142
Kurs-Gewinn-Verhältnis 91 ff.
Kursschwankung 78, 114

Legierung 25
Leitzins 68
Liquidität 42, 70

Markowitz, Harry 94
Markt 18 f., 77, 102, 113 ff.
Marktzins 102
Millionär 140 f.
Miteigentümer 70, 82 f.
Münzgeld 24 f., 32
Münzprägeanstalt 32
Münzprägung 24
Münzregal 75
Münzzeichen 32

Nachfrage 29, 78
Nationalsozialismus 143
Nennwert 23
Neobroker 86 f.
NFT 132 f.
Notenbank 32, 35, 75
Nullkuponanleihe 99 f.

Online-Banking 86 f.
Online-Zahlungsplattform 14

Papiergeld 22 ff.
Parkett 117
Pleite 42, 54 f.
Preis 10 f., 17 ff., 29 f., 144
Preisangabenverordnung 17
Preise, relative 11
Preisniveau 29
Propagandainstrument 26
Prospektpflicht 72
Punktekonto 65

Recheneinheit 10, 15, 129 f.
Reichtum 31, 57
Rendite 69 f., 103
Rente 105 f.
Restlaufzeit 102
Risikomanagement 52
Risikovernichtung 120 f.

Sachwert 23
Schlagschatz 33
Schulden 144 f.
Schuldner 54 f., 145
Schulpflicht 39 f.
Schwarzer Freitag 142 ff.
SEPA-Raum 59
Sicherheitsmerkmal 35 f.
Sollzinsen 68
Sozialversicherungen 44, 144
Sparen 15, 48, 66 ff., 140

Sparschwein 15, 66
Staat 32 f., 44, 71, 104 f., 147 ff.
Steuern 104 f., 143 ff.
Streuung 85, 94, 112, 118 f., 120 f.
Stückelung 22 f.
Subvention 18

Tagesgeld 67
Taschengeld 37 ff., 47, 61
Taschengeldkonto 61 f.
Tauschhandel 21 f.
Termingeld 60, 67
Thesaurierung 87 f.
Tilgung 42
Token 131 ff.
Transaktion 59
Tresor 53
Treuepflicht 90
Tulpen 20 f.

Überschuldung 54, 146
Überschuss 57
Überweisung 13, 34, 50, 76
Überziehung 67
Überziehungszinsen 67
UN-Kinderrechtskonvention 40
Unternehmen 82 ff., 89 ff., 145 f.
Urlaub 74 ff., 80

Vereenigde Oostindische Compagnie 85
Verlust 84
Vermögen 56 f.
Verpflichtung 145
Volljährigkeit 47, 51, 64
Vorstand 89

Währung 74 ff., 126 f.
Währungsunion 79
Wallet 133
Warenbörse 110
Warengeld 21
Wechselkurs 77 ff.
Wertaufbewahrung 12, 129 f.
Wertpapiere 82, 96, 98 ff., 109
Wertpapieremission 72
Wertpapierprospekt 72
Wertverlust 30
Wirtschaftsministerium 113
Wohlstand 46, 84

Zahlungsmethode 14
Zahlungsmittel 10, 15, 22 f., 129
Zahlungsunfähigkeit 42, 55
Zahlungsverkehr, bargeldloser 13, 50
Zentralbank 23 ff., 29, 68
Zero-Bonds 99
Zinsen 41 f., 68, 97 ff., 102 f., 144 f.
Zinsniveau 99
Zinssatz 68, 102 f.
Zweiter Weltkrieg 143

BILDNACHWEIS

Alle Fotos von shutterstock.com:
S. 27, S. 32: 1917555869 © Claudio Divizia,
S. 36: 222578782 © thodonal88

Sollten trotz intensiver Nachforschungen des Verlags Rechtsinhaber nicht ermittelt worden sein, so bitten wir diese, sich mit dem Verlag in Verbindung zu setzen.